NUMBER 12

メディア総研ブックレット

貧困報道

新自由主義の実像をあばく

JN275286

メディア総合研究所 編

I 貧困報道の現場から 5
NHKスペシャル番組センター 板垣淑子
日本テレビ・ディレクター・解説委員 水島宏明
朝日新聞特別報道チーム 市川誠一

II 背後に横たわる農村の崩壊 29
民俗研究家 結城登美雄

III 新自由主義と現代日本の貧困 42
一橋大学 渡辺 治

花伝社

本ブックレットは、二〇〇八年七月五日・六日に行われた、第三回メディア総研ジャーナリズム講座「日本の貧困」をもとに、まとめたものです。

序にかえて

メディア総合研究所主催の「メディア総研　ジャーナリズム講座」は、放送・新聞などメディアの現場で働く若手～中堅のジャーナリストに対して、ジャーナリズムの基本や理念を、現場で遭遇するようなテーマに即して考える機会を提供しようとスタートさせたものです。今年、二〇〇八年七月に東京都内で二日間にわたって開催された第三回のジャーナリズム講座では、「日本の貧困」と題して、貧困や労働の問題を追及してドキュメンタリー番組や新聞のキャンペーン報道などを手がけたディレクター・記者らを講師に迎えました。さらに、一連の貧困の問題の背景には全世界的に進行している新自由主義経済の問題があるとみて、長年この問題に取り組んできた渡辺治・一橋大学教授に講演をお願いしました。このブックレットは、この講座のもようをまとめたものです。

「NHKスペシャル」で放送された『ワーキングプア』は、『ワーキングプア～働いても働いても豊かになれない～』（二〇〇六年七月二三日放送）を皮切りに、『ワーキングプアⅡ～努力すれば抜け出せますか～』（二〇〇六年一二月一〇日放送）、『ワーキングプアⅢ～解決への道～』（二〇〇七年一二月一六日放送）とこれまで三回放送され、必死で働いているのに厳しい生活を強いられている人々の姿を描いて大きな反響を呼びました。また、日本テレビ系「NNNドキュメント」で放送された『ネットカフェ難民』も、『ネットカフェ難民～漂流する貧困者たち』（二〇〇七年一月二八日放送）、『ネットカフェ難民2～雇用が破壊される』（二〇〇七年六月二四日放送）、『ネットカフェ難民3～居場所はどこに？』二〇〇八年五月二五日放送）と三回にわたって放送され、生活が不安定でアパートを借りる資金もままならないために深夜営業のネットカフェを泊まり歩く人々の実態を初めてテレビで紹介し、衝撃を与えました。一連の番組や報道活動は文化庁芸術祭優秀賞やギャラクシー賞などを受賞、また「ネットカフェ難民」が二〇〇七年度の新語・流行語大賞のトップテンに選ばれるなど、社会現象にもなりました。

朝日新聞は、二〇〇六年七月三一日付朝刊1面トップ記事「偽装請負、製造業で横行～実質は派遣、簡単にクビ～」を皮切りに、違法な「偽装請負」にかかわる記事を精力的に掲載。実態は派遣労働なのに別会社との「請負契約」にして雇用責任を逃れ、労働者を無権利状態に置こうとする企業の姿を徹底的に告発しました。七月三一日付記事は「731ショック」と呼ばれるようになり、問題を指摘された企業が偽装請負の労働者を正社員化するなど、事態改善の動きも見られるようになりました。

講座では、これらの番組・記事を担当した方々に取材上の苦労や経験談を語っていただきました。また、東北地方の農村を中心にフィールドワークを続けてきた結城登美雄さんには、ほとんど報道されない農村の貧困問題と日本の農業の危機的状況について、具体的に解説していただきました。

講演の渡辺治教授をはじめ講師の皆さんは、それぞれたいへん多忙な身ながら、本講座の講師を快くお引き受けいただき、精力的にご協力いただきました。さらにこのブックレットのまとめに際しても一方ならぬお世話をいただきました。この場を借りて改めて厚く御礼申し上げます。

二〇〇八年九月

メディア総合研究所事務局長　岩崎　貞明

I　貧困報道の現場から

『ワーキングプア』を取材して

ＮＨＫスペシャル番組センター　板垣　淑子

ＮＨＫスペシャルの『ワーキングプア』は、これまで三回放送しました。私は一回目の企画の立ち上げと、二回、三回と続いたシリーズ化への橋渡しを担当しました。一回目の放送は二〇〇六年七月ですが、当時はシリーズになるとも思っていませんでしたし、これほど大きな反響をいただけるとも思っていませんでした。今でも覚えているのは、放送後二〇分くらいは電話を置いたら鳴り続けるという状態で、そのほとんどが、同じような立場で苦しんでいる方々からの「よく取り上げてくれた」という電話だったことです。

二〇〇七年の一二月、各国の対策と日本での対応について、逆に言うと日本がどの程度他の国々から後れを取っているのかということを三回目の放送で伝えて、一区切り付けたつもりでしたが、まだまだ解決していない、というお叱りの声も大きく、今、こうしたテーマの番組をどういった方向でやるべきか、話し合いを始めているところです。

●なぜもっと早く気づかなかったのか

第一回の取材が始まったのは二〇〇五年八月の終わりごろでした。小泉政権が始まってちょうど五年目でしたが、当時は「格差社会」ということがようやく言われ出して、国会でも議論され始めました。でも、違うという指摘もあるかもしれませんが、その頃のメディアの論調は、どちらかというと「スーパーサラリーマン」のような、格差の上のほうに焦点を当てていたように思います。

私はそのとき、若者の就職難の問題からこのテーマの取材に入っていったのですが、格差の下のほうが広がっているとは、恥ずかしながら全然実感していませんでした。ただ、取材で地方を歩いてみたり、都会で若者の労働現場をつぶさに歩いてみたりするうちに、どこか底が抜けたように格差の下のほうが広がっていることに気がついて、なんとかしなければならないと思って、今まで三回の放送を続けてきました。

先日、小泉政権下で国民の負担がどれほど増えてきたかという雑誌の記事を見つけました。二〇〇二年度には、いま問題になっている後期高齢者医療制度など医療制度の改革法案が通されたり、雇用保険法が改正されたり、税制では老人に対する貯蓄優遇制度がなくなったり、配偶者特別控除がなくなったりと、すごくたくさんあるのです。このほか、二〇〇二年度から二〇〇六年度まで、定率減税の廃止、年金制度の改正で負担増、生活保護の切り下げなど、本当に国民の負担を増やす制度改正がものすごい勢いで進んだのです。私は二〇〇五年度にこの問題について取り組みはじめたわけですが、今になってみると、なぜもっと早く気づかなかったのかと猛省しつつ思い返しています。

先日、秋葉原で起きた事件を、ＮＨＫスペシャルの『秋葉原通り魔殺人事件』で取り上げましたが、容疑者について取材して調べていくと、派遣社員で非常に不安定な立場にあり、給与自体は低いわけではないけれど、同僚が次々に解雇予告を受けて、自分もいつ首を切られるか分からないような状況にあったということです。そういった状況にある人が犯罪に結びつくという意味で、社会不安のようなものがすごく大きくなっていて、若者とか、母子家庭とか、弱いところにのしかかってきている。それが治安など日本の土台を揺るがすような影響を与えていて、普通の人の暮らしを脅かすところまで来ているのではないかということを、先日の事件を通じて考えたりしました。

●なぜ生活保護で救えなかったのか

番組で取り上げることができなかった話を一つ紹介します。長野県にある「道の駅」に停められていたトラックの中に老婆の遺体が遺棄されたという事件です。捜査で分かったのは、遺体を遺棄したのは実の息子で、母親の介護がもとで職を失ってマンションのローンが払えなくなり、住処を失って車上ホームレスとなり、車に乗せながらお母さんの介護を続けて、わずかなお母さんの年金で日々の食料だけをコンビニエンスストアで手に入れるという暮らしをしていました。遺体をトラックに載せたときに、花柄のブラウスと、母親が車の中で三ヵ月ほど暮らしていた間にデジタルカメラで撮られた三六枚ぐらいの笑顔の写真が添えられていて、すごく辛かったという話を捜査員がしてくれました。

弁護士を通じてその息子さんと接触を試みましたが、できないまま収監されてしまいました。その後、経緯を聞いたところ、遺体をトラックに載せたのは弔ってほしかったからだというのです。自分の力では火葬場に持っていって荼毘に付すことも、お墓に入れてあげることもできない、誰かに手を合わせて線香を上げてほしかったということが書かれていました。

そういう方がどうして生活保護で救われなかったのか、本当に疑問です。何度か福祉の窓口に足を運んでいるということなのですが、生活保護は基準も切り下げられて、窓口での対応も予算も締め付けが厳しくなっていると聞いています。この問題は労働問題でもありますし、社会保障の問題でもありますし、一つどこかを直せば解決するという問題ではないことも感じていますが、現実がどうなっているのかということを、政策決定の過程を見ながら報道し続けたいと考えています。

『ネットカフェ難民』を取材して

日本テレビ・ディレクター・解説委員　水島　宏明

私は貧困の問題について、一九八七年ごろから取材してきました。とくに、生活保護制度との関連を意識しています。その当時、私は札幌テレビという放送局にいましたが、「札幌母親餓死事件」という、生活保護の歴史では非常に有名な事件がありました。取材したところ、日本の福祉制度が機能していないこと、それどころか、最近、北九州市で問題になったような「水際作戦」と言われる、生活保護を受給したいと生活困窮者が福祉事務所を訪れても窓口で追い返すような対応が、北海道各地をはじめ全国的に行われていたことがわかったのです。その背景には、鈴木・中曽根内閣の「臨調行革」という流れの中で当時の厚生省が生活保護受給の「適正化」を促す通知を出していたということがありました。だから、小泉内閣の「骨太の改革」が行われているときに北九州市で餓死が起きたというのは、偶然ではない符合だと思います。

私はジャーナリストとして、こういう事件が起きると、その背景にあるものをほじくり出して露わにしようという仕事をやってきました。大先輩の原寿雄さんから「社会の矛盾は地方で芽を出す」ということを教わったことがありますが、その言葉どおり、地方、地域で問題が起きているのです。先ほども話に出た秋葉原の事件や、私が取材した「ネットカフェ難民」――私がつくった言葉で、番組のタイトルに使ったら、これが流行語大賞トップテンに入ってしまったのですが――という現象も、貧困の一現象であって、その背後には膨大な貧困層の存在がある、この問題をなんとかしたいということで、今も報道しています。

●「自己責任論」のひろがり

以前と違って、いまは視聴者レベルで「自己責任論」がかなり強くあります。二〇〇六年一月に『ニッポン貧困社会～生活保護は助けない』というドキュメンタリーを日本テレビで放送しました。〇六年五月に発覚した北九州市門司区の餓死事件より数カ月前に放送した番組ですが、生活保護申請の窓口で非常に厳しい対応が行われている、生活保護を受給する立場に立って、それが非常に受けにくくなっているという内容を放送したものです。ところが視聴者から「生活保護などという制度はなくてもいいのだ、母子家庭の母親が男を連れ込んだり、パチンコに行ったり、ろくでもないことにつながるのだから」というような声が、二〇年前に私が札幌の餓死事件を取材したとき以上に非常に強まって、反響の三割ぐらいを占めたのです。残りはもちろん、「こういう問題をよく取り上げてくれた」という反応でしたが、どうも視聴者の質が変わってきているという印象がありました。そのしばらく後で、北九州市で相次いで餓死事件があり、第三者委員会で検証したところ、市の体質そのものに問題があったことが明らかになるわけです。

一方で、ＮＨＫさんが『ワーキングプア』を放送された。そこでは、生活保護制度の是非は直接問わないけれど、貧困の実態はきちんと見せるという報道をしていた。私は、制度で矛盾があればそれと闘うという報道スタイルでずっとやってきたのですが、「そうか、闘うことは横に置いて、まず実態を見せるというやり方もあるのだ」ということに気づかされました。

●ネットカフェに初めて足を踏み入れる

今、貧困問題の切り口は何だろうと考えていたときに、最近よく出てくるようになった「もやい」というＮＰＯ法人の湯浅誠さん――生活保護の問題にずっと関わってきて、岩波新書で『反貧困』という本を出しました――

が、「水島さん、生活困窮者は今、ネットカフェにすごく溜まっている。これをやらない手はないよ」と言われた。それまで私はネットカフェというところに行ったことがなかったのですが、彼に勧められた東京・蒲田にあるネットカフェに初めて行ってみました。そこは一時間一〇〇円、一晩寝ても一〇〇〇円足らずという非常に安いところで、路上生活ぎりぎり、あるいは実際に路上生活をしている人が雨の日に使うような場所でした。店に入った途端に強烈なにおいがして、深夜になると、目が合ったのか肩が触れ合ったのか、「てめえ、ふざけんな、バカヤロー」という強烈な怒号が飛び交うようなすさまじい世界で、ここに貧困の一つの断面があるということに気がついて取材を始めたのでした。

私の番組で主人公になっている「シュウジ君」という二八歳の、ネットカフェ生活一年ぐらいの男性がいます。彼は子どものときにひどい虐待に遭っていて、自分の実家には頼ることができなくて東京に出てきた。東京で、グッドウィルとかフルキャストなどで日雇い派遣をやりながら生活して、最初はアパートに住んでいたのですが、それは保証人もいらない、敷金・礼金もゼロでいいという、いわゆる「ゼロゼロ物件」というものでした。ところが、インフルエンザで体調が悪くなったときにほんの一日、家賃を滞納したら、不動産会社に鍵を取り替えられて、荷物も取り出せないまま追い出されてしまった。湯浅氏はこういう業者を「貧困ビジネス」と名付けていますが、生活困窮者を食い物にしてビジネスにしているような業者です。貧困層を相手に客集めをして、保証人も敷金も礼金も要りませんと言っておいて、何か不都合があるとすぐに追い出してしまう。借り手の立場を保護する借地借家法を適用させないという業者が蔓延している。明らかな脱法行為です。消費者金融とかヤミ金なども似たようなところがあります。

シュウジ君は、そのゼロゼロ物件を追い出されてネットカフェ生活になったのですが、ゼロゼロ物件に入った頃に、有名なTという消費者金融に借金をしています。生活に困って一〇万円だけおカネを借りようとしたのですが、そのTのある支店の担当者は「いや、あなたは一〇〇万円借りることができるのだから一〇〇万円借りてください」と言う。シュウジ君はすごく生真面目な男なので「いや、私は、とにかく家賃を払うために一〇万円でいいのです」と断るのですが、それでも一〇〇万円を貸したそうです。シュウジ君は怖くなって、その日のうちに九〇万円を送り返したら、いきなりケータイに電話がかかってきて、「おまえ、俺の厚意を踏みにじるのか。一〇〇万貸すと言っているのだから一〇〇万借りろ」と脅した。結局、彼はそこから多重債務者になって、他のサラ金からも借りなければいけなくなったのでした。

●現代のドナドナ

今、寄る辺のない人たちが頼る先というのは、そういうサラ金であったり、ゼロゼロ物件であったり、あるいはグッドウィルのような日雇い派遣であったりという現状があるということを、私は取材をして気づかされたのです。「どういう仕事をしているのですか」と聞くと、ネットカフェにいる人たちはみんな「日雇いで」とか「登録制で」と答える。私は当初、それがどういう意味かよく分からなかった。彼らの仕事を追跡していくと、朝早く、五時ぐらいに店を出て、電車に乗って、六時ちょっと前ぐらいにどこかの駅前に集合する。集合時間になるとマイクロバスやワゴン車がさっと迎えに来て、無言でみんな乗り込んでいく。その映像を編集しているときに、編集マンと「これはまるで現代のドナドナみたいだ」という話をしたのですが、そういう光景は、目を凝らして見ていくと日本中に広がっている。これは、昔の山谷のような寄せ場が今、日雇い派遣というシステムによって全国的に広がっているということなのです。

私はドキュメンタリーのディレクターですが、ニュース番組も時折、担当していて、『ネットカフェ難民』を放送した後、グッドウィルについても取材を始めました。たまたま朝日新聞もグッドウィルの問題は非常に熱心に報道していたので、グッドウィルの違法派遣とか、内部ＶＴＲ入手とか、朝日ほどではないが小スクープを独自に取材して放送しました。それをもとにまたドキュメンタリーにしていくという形で、ネットカフェ難民報道が日雇い派遣報道につながっていったのです。

厚生労働省が去年の八月にネットカフェ難民の調査結果を公表して、全国に五四〇〇人いると推定されると発表しました。今年四月から五月にかけて「東京チャレンジネット」「愛知チャレンジネット」「大阪チャレンジネット」と、それぞれの自治体と厚労省が一緒にネットカフェ難民支援センターを設置したりと、少しずつ注目は集まっています。しかし、なぜこういう人たちが他の制度で救済されてこなかったのかという根本的なところにはなかなか手がつけられていないのです。日雇い派遣についても、秋葉原の事件で急に舛添厚労大臣が日雇い派遣禁止というようなことを打ち出してはいますが、どこまで制度的に踏み込めるのかというのはまだ不透明な状況です。

では、最後のセーフティネットである生活保護制度についてはどうかというと、貧困層の受け皿としてはだんだん機能しなくなってきている。厚労省自体が、保護基準を切り下げるという方向になっていて、私は、広がっている貧困の問題をどうやって浮かび上がらせるかということがすごく大事だと思っています。

●手を替え品を替え報道していく

日弁連が各国の貧困調査をやっていて、イギリス、ドイツ、アメリカ、先週は韓国へ行きました。秋の人権擁護大会で、貧困と労働の問題でシンポジウムをやるための調査なのですが、私はそれに同行して取材をしてきました。韓国でも同様に、アメリカの圧力もあって制度的には労働の規制緩和をする一方で、セーフティネットもそれなりには厚くしているという現状があります。日本だけではなくて世界的に、グローバリゼーションの中で労働の問題、セーフティネットの問題を考えていかなければいけないと思っています。

ただ、民放では、貧困の問題は一般的に企画が通りにくい。去年は「ネットカフェ難民」という、業界の人から見ると少しあざといネーミングで、「ネットカフェの問題でまた新たなことが分かりました」と言いながら報道することを繰り返しましたが、それでも今の日本の社会は、「貧困」という言葉自体がここ一、二年でようやく浸透してきた程度だという限界があると思います。ですから、手を替え品を替え、報道していくしかないと思っています。

秋葉原の事件はＮＨＫに先にやられてしまったのですが、これは避けて通れないと思って、今、その取材をしています。併せて、子どもの貧困を番組にしたいと思っていて、その取材も始めているところです。例えば、秋田の児童殺傷事件も、畠山鈴香被告は生活保護を受けている母子家庭で、「貧困」というワードで括ると見えてくるものがある。ただ、それを正面からなかなか言えない日本の風土があります。事件の全責任を、貧困だ、構造的な問題だと言うつもりはありませんが、そういう側面からも捉えられるし、そういうリスクを社会としてどう減らしていくかという見方を日本全体に広げなければならないと思っています。

「偽装請負」を取材して

朝日新聞特別報道チーム　市川　誠一

私は、実は、ここにいる講師の皆さんの中で、最も日本の貧困について語る資格がないのではないかと思っています。私は朝日新聞に入社して支局の警察担当になり、本社の社会部でもほとんど検察庁や警察を担当していました。名古屋の社会部でも、事件キャップと言って、県警と検察と裁判所と国税の担当記者をたばねるような係でしたし、その後、東京社会部に戻ったときも司法クラブキャップをやれといわれ、そこで三年半も勤務しました。次に、さいたま総局長に就任しましたが、一年半ほどで本社に戻ると、こんどは調査報道専門の特報チームのデスクに任命されたわけです。このように、私の経歴は殺伐とした事件取材ばかりです（笑い）。つまり、警察官や検察官になんとか食い込んで特ダネを取ろうという仕事ばかりしてきたものですから、日本の貧困を真正面から取り上げて取材しようなどと考えたこともなかったのです。

●特別報道チームで何を取り上げるか

結果的にいうと、この偽装請負キャンペーンは、日本の格差問題を考えるうえで自分としては誇るべき仕事になったと思っていますが、言い出しっぺは私ではありません。二〇〇六年四月に特別報道チームができて、「今、われわれが取材すべきものは何なのだろう、アジェンダをちゃんと決めよう」とチーム内で徹底的に議論をした結果、最優先で取り上げるべきは、偽装請負だとの結論が得られたので、取材を始めたものなのです。

朝日新聞

2006年(平成18年)7月31日 月曜日

偽装請負 製造業で横行

実質は派遣、簡単にクビ

労働局が調査強化

キヤノンや日立でも

低賃金・安全責任あいまい

『朝日新聞』２００６年７月３１日付１面。「７３１ショック」と呼ばれるようになった偽装請負告発の記事。

現実の調査報道は、内部告発のようなものを入手するか、または権力機関の奥深くに眠っていて、放っておけば日の目を見ないような秘密情報を取材力によって手に入れ、それをもとに自分たちで裏づけをとって書くという手法が多い。つまり、内部告発者や、自分の取材先である当局に依拠して取材をするわけで、アジェンダが最初から決まっている場合が多いということになります。しかし、われわれ特報チームの場合は、何も足場がない状態から始めざるを得ないのでありまして、この際、徹底的に議論して、自分たちでアジェンダを決めて、それを掘り下げようということになったのです。

発足当初は、十一人の記者にデスク二人という体制で、主に政治、経済、社会から集まったメンバーでした。その中の一人の記者が、偽装請負の問題を取り上げるべきだと、一〇ページぐらいのレジュメをもとにプレゼンしたわけです。私は当時、偽装請負という言葉さえ知りませんでしたが、プレゼンを聞けば聞くほどこれはたいへんな問題だと分かると同時に、一方できわめて訴訟リスクが高いテーマだと感じたわけです。

正直に申し上げると、偽装請負というのは朝日新聞が最初に問題提起したテーマではありません。週刊東洋経済、週刊ダイヤモンド、日刊ゲンダイ、毎日新聞、しんぶん赤旗などが書いていたのですが、これらの多くはクリスタルという人材サービス会社――一時は年商六〇〇〇億円を売り上げた最大手です――を相手に、偽装請負の問題性を追及していたのです。ところが、このクリスタルという企業は、批判されようものならすぐに高額の損害賠償請求訴訟を起こすきわめて厄介な企業でした。私は、このテーマを報道すれば、まず間違いなく訴えられるだろうと思いましたが、偽装請負の問題は非常に今日的なテーマでもあるので、どうすればいいだろうと逡巡していたのです。結局、部下たちがこれはぜひともやるべきだ、といいますので、その勢いと迫力に押され、私も腹をくくって始めたのです。

●より重いメーカー側の責任

くしくもＮＨＫの『ワーキングプア』と同じ二〇〇六年七月に始めるのですが、訴訟リスクを抱えてもやるべきだと思った一番大きな理由は、就職氷河期にろくな就職にありつけなかった人たちが偽装請負の犠牲者になって働いているという重い事実を知ったからです。日本の将来を支える彼らが、製造業やＩＴ業界に蔓延してしまった偽装請負という雇用方法によって痛めつけられている。これはシステム的な搾取ともいうべきもので、ここを是正しないと日本の将来は暗いだろうと思ったのです。

というわけで、クリスタルのことを一生懸命調べていくわけですが、なかなか尻尾をつかめない。時間ばかりが過ぎ、取材が行き詰まったため、事態の打開をはかるべく会議を開きました。その席で、今度は発案者ではない別の記者が「クリスタルを最初のターゲットにするのではなくて、クリスタルから人を送り出してもらっている大手メーカーこそ、クリスタル以上に罪が重い。そちらにターゲットを移すべきだ」と言い出したのです。なるほどと僕は膝を打ちました。

日本は、ものづくりでは世界一の実績がありますが、キヤノン、松下、東芝、トヨタなどの超著名企業の子会社や孫会社の製造現場で働く人たちが、実は偽装請負の犠牲者でした。当然、そういう働かせ方をしているメーカー側の責任はきわめて重く、これらの企業の違法行為を取り上げれば、世論も動くのではないかと考えました。一方、クリスタルのことを書いても、たぶん多くの人はどんな会社かも知らないから、社会面の片隅の記事になってしまう可能性もある。結局、偽装請負のことを問題にするのなら、大企業をターゲットにした方が、大きな反響を呼ぶ記事になるだろうと考え、大企業実名告発型の報道を目指す決心を固めたわけです。

ちなみに、先ほど水島さんに、グッドウィルを実名報道したのは朝日だと言っていただきましたが、その記事を書いたのは、特別報道チームから労働グループという部署に移った記者が熱心に追いかけて、書いたものです。

偽装請負の問題を大々的に書いた結果はどうだったかというと、大企業の経営者たちは大変なショックを受け是正にも動きました。しかし世の中、とくに一般市民にはなかなか偽装請負の本当の深刻さのようなものが伝わっていないように思えました。そこで、私たちは『偽装請負』という新書を書きました。新聞記者が書いた本としてはなかなか売れ行きの良かった本で、この出版と新聞報道があいまって偽装請負の問題性が世の中に広く伝わったのではないかと思っています。

それから、翌年の〇七年一月、偽装請負の犠牲になっている世代をもう少し掘り下げようということで作った本が『ロストジェネレーション』という、今の二六～三六歳ぐらいの、就職氷河期にひどい目に遭った人たちを取り上げたものです。そういう成果を残すことができたので、単なる事件記者が少しは社会問題を語れるようになったのかなというふうに思っています。

パネルディスカッション

司会　まず、『ワーキングプア』や『ネットカフェ難民』の関連ですが、取材に応えてくれる人を探すことがたいへんだったと思います。とくに『ワーキングプア』では、取材されている方がちゃんと顔を出していて、モザイクをかけたり声を変えたりということを極力避けるような形で報道していた。そういう取材にちゃんと応えてもらうということが最初の大きいハードルだったのではないかと思うのです。そのあたりの苦労や工夫についてお話いただけますでしょうか。

●貧しいことは恥ずかしいことか

板垣　工夫ということではなくて、何度も頭を下げに通っただけです。私はこの番組をやるときに、どうしても顔を隠したくなかったのです。簡単にやろうと思えば、顔が分からないような撮影方法を取ったり、モザイク加工をした上での放送をすればいいのでしょうが、私は取材した方々に「貧しいということが恥ずかしいことでしょうか」ということを、一生懸命話した覚えがあります。

取材したある農家の方は、本当に汗水たらして必死で働いて、でも収入が少ない。それが彼らの責任だとか、恥ずかしいことだとはどうしても思えない。収入が少ないほうがおかしい。彼らは生活保護水準の半分以下の収入しかない方々ばかりですが、こんなに一生懸命働いて、しかもきちんと生産物もあげていて、なぜこれしか収入がないのか。そちらのほうがおかしいということを訴えるためにも、ぜひ勇気を出して決断してくださいと取材のお願いをしたのです。

決断して登場してくださった方には本当に感謝していますが、最初は皆さん一様に「いやだ」と言いましたし、最初の三人にたどり着くまでに五〇～六〇人には断られています。断る方のお気持ちもそれぞれあって、例えば「孫が学校に恥ずかしくて通えなくなる」とか、十分に納得できる理由だったので、誰一人、無理強いしませんでしたし、断られても私は恨んだりしていません。とにかく、働いても収入が届かないということに対する憤りを訴えることに力を貸してくださいということを繰り返しお願いし、頭を下げに通い続けたという、工夫は何もないですが、ただそれだけでした。

水島　私の場合、取材対象が単に貧しいというだけではなくて、かなりのパーセンテージが多重債務者で、借金取りに追われている。最初の番組の主人公だったシュウジ君は、親に激しい虐待を受けていました。子ども時代に毎晩爪を一枚ずつ剥がされていたとか、ドライバーを耳に突っ込まれたとか、本当に信じられないような虐待をする親がいるのです。彼の場合は、母親の再婚相手である義理の父親が彼を探していて、居場所が見つかると殺されるかもしれないというケースだった。それから、女性のヒトミさんという人も番組に出てきますが、彼女もやはり激しい虐待を受けていて、とてもではないが顔を出せないケースでした。

できれば、顔を出すのがドキュメンタリーの基本だと考えていますが、そもそも話ができる人を見つけるのも相当たいへんで、私はネットカフェの前で二ヵ月ぐらい朝と夜に待ち構えて、出入りする人に片っ端から声をかけた。そのうち、「いえ、私は関係ないです」と言っているがこの人は毎朝出てくるな、などと分かって、何人かと話ができたのです。「顔を出してもいいですよ」と言う人は、実は典型的なケースとは言いがたい。親が近くに住んでいるのだが、アルバイト感覚でネットカフェに泊まっているような人もいたのです。ですから、より真実を伝える——真実というのはそういう現象の核になっているものは何かという意味ですが——ためには、必ずしも手法はこだわらなくていい、と私は感じました。

人間の表情はきわめて視覚的な情報が大きい。この表情であれば真実を語っているだろうとか、一生懸命やっているのに報われないとか、いろいろなことを伝えるのです。

『反貧困』という本を書いた湯浅誠さんの受け売りで、私自身、結果的に彼の分析を追認するようなことになって、彼の確かさがよく分かったのですが、人というのはいろいろなものに支えられている。それは家族であったり、働く場であったり、教育を受けていたり、いざというとき頼るべき福祉であったりするのですが、ネットカフェに暮らす人々は、大卒などはほとんどいないばかりか、高校中退や中卒で終わっている人が多かったり、最初の就職からつまずいて非正規の労働であったり、日雇い派遣でまったく社会保険に加入していないとか、勤め先に加入してもらえないという人たちです。家族とも折り合いが悪くて、家族の支えを得られない。東京に出て住宅を借りるときに保証人にもなってもらえない。仕事を探すときの保証人も見つけられない。最後は生活保護などの福祉ということになるわけですが、そういう制度を知らないとか、一度行ってみたがほとんど相手にされなかったという形で、福祉を受けられない。

これを、湯浅氏は「教育からの排除」「雇用からの排除」「家族からの排除」「公的福祉からの排除」という「四重の排除」と言っていて、最後には「五重の排除」になると言うのです。それは「自己からの排除」です。秋葉原事件の加藤智大容疑者がまさに典型ですが、「自分はどうなってもいい」「生きていてもしょうがない」という感じ方、考え方を持つ人間がネットカフェにはごろごろいるのです。人に大切にされて、人は自分を大切だと思ったり、人に対して大切な感情を持てると思うのですが、彼らは大切にされていないことの裏返しで、自分に対する自己評価がきわめて低い。そういう人がたくさんいるのです。

彼らの顔の表情を見ても「こいつ、やる気ねえな」という子がすごく多い。「もっとがんばれよ、しゃきっとしろよ」と思ってしまうのですが、がんばることさえできない、がんばる気にもなれない、そういう貧困というのがあるのではないかと思うのです。ですから、かえって顔を出さないことでその構造を出せたようなところが、私の番組に関してはあったという気がします。それが正解かどうかは議論があるところだとは承知していますが、貧困を伝える手法にはそういう問題もあるのです。

●社内の「圧力」はなかったか

司会　朝日新聞の偽装請負キャンペーンは、大企業をターゲットに立てるという話でしたが、そのような大企業はメディアの大スポンサーでもあるわけで、実際にある企業が朝日から広告を引き上げたという話も聞きますが、社内的に「その企画は止めておけ」といった上層部からのプレッシャーはあったのでしょうか。

市川　一切ありません。広告局が編集局に対して「うちの大事なスポンサーだから止めて」ということは、うちの会社のシステム上ありえませんし、広告局以外も含めて「止めろ」ということを言ってきた人は一人もいません。

広告を引き上げられたかどうかということについては、私はよく知りません。そういう現象は起きたのかもしれませんが、私に直接、例えばキヤノンや松下が広告を出さなくなったということを言ってきた人もいません。

ちょっと先ほどの補足をすると、クリスタルは訴訟リスクが高いので、これを避けて大企業のほうに行ったというわけではないのです。当然、クリスタルも標的にしながら第一ターゲットを変えたというだけであって、最初に大企業のことを書いたほうがおそらく社会の人々の共感も得られるだろうし、取材にも大きな勢いが生まれるだろうということです。クリスタルは結果的にグッドウィルに売られ、その後グッドウィルも事業が立ち行かなくなりましたが、最終的なターゲットはもともとクリスタルにありました。ですから訴訟リスクがあろうと切り込んでいくつもりではあったのです。

●厚労省や政治家からも問い合わせが

司会　ありがとうございました。会場からも質問を出していただきましょう。

――視聴率など、番組の反響はどうでしたか。

板垣　放送終了直後は、いわゆるワーキングプアの立場にある人たちからのメール、電話、手紙が、数えただけで二〇〇〇通を超えており、内容は「自分も同じだ」というものが多かったです。

このほか、全体の一割に満たなかったと思いますが、「そんなものは切って捨てればいい」というような、もっと規制緩和して競争を推し進めろというものもありました。「NHKがこんな偏向報道をするなどけしからん」というようなご意見も、ごく一部ですが、あったことを覚えています。

政界からの反応というのは、放送直後は、どちらかというと冷ややかでした。例えば「生活保護水準以下の世帯数は少なくとも四〇〇万、と報道していたが、それは厚生労働省でも調査していないはずだが、どういう根拠の数字か」というような問い合わせは、自民党の政治家からも、厚生労働省の担当者からもありました。国が行っている世帯調査を根拠に、しかるべく推計された数字だということを、引用論文とともに示すと、最後は納得してもらえました。最初は「なぜNHKはそんなに煽るのだ」という感じの反応でしたが、世の中がだんだん「NHKは『ワーキングプア』をやってくれてありがとう」という空気だということが分かってくると、今度は手のひらを返したように「見逃してしまったから、DVDを借りられないか」と、国会議員や、県議会・区議会議員からも問い合わせがありました。世間の風はこういうものを求めている、ということに議員さんたちが気づきはじめた頃から、安倍政権下で「再チャレンジ」という施策が議論され始めたように記憶しております。

視聴率は、普段の『NHKスペシャル』がだいたい五%~八%ぐらいですが、これはおかげさまで一五%近くまで取ることができました。

●視聴率が取れたことで

水島　さすがNHKだな、と(笑い)。私の『ネットカフェ難民』は、政治家からのコンタクトはほとんどなしですね。ただ、反響はものすごく大きくて、ここ二、三年ではいちばん多いメールや電話が来ました。「びっくりした」とか「そういう人たちがいるのか」という内容です。

番組の中でヒトミさんという一八歳の女の子がネットカフェ難民で、手帳に自分を戒めるような言葉を書いているのです、「強くなる」とか「我慢する」とか。番組は、手帳に書いている理由について「これ以上落ちて落ちて、にならないように」と彼女がけなげに言うところで終わるのです。すると、反響の四割ぐらいが「ヒトミさんに会いたい」とか「ヒトミさんをうちの工場で働かせたい」「うちの部屋が余っているからヒトミさんを置きたい」という。それはまるで、その番組の放送の何ヵ月か前にあった「崖っぷちの犬」を引き取りたいという反応に非

常に似ているという社内的な声はありました。ですから、構造を伝えたつもりがそれほど伝わっていないという
ことで、作り手として反省もしたのです。
『ネットカフェ難民』は昨年二回放送しましたが、いずれもちょうど五％で、『ＮＮＮドキュメント』自体は昨
年平均三・二％あまりの視聴率だったので、いちばん良かったのです。深夜一二時五五分からの深夜番組ですが、
その中で一番はネットカフェ難民ものが占めたのです。
この問題をニュースで報道すると、その企画の時間帯だけ、ぴょんと視聴率が上がりました。私の出ている朝
の『ズームイン！ＳＵＰＥＲ』という番組でも、ちょっとやるとぴょんと上がった。『ＮＥＷＳリアルタイム』が「う
ちでもやりたい」と言って、やはりそこで数字が上がって、『ＮＥＷＳ　ＺＥＲＯ』でもぴょんと上がって……。
それで社内的に認知されていって、昨年一一月に『ＮＥＷＳ　ＺＥＲＯ拡大版』ということで、テリー伊藤など
のタレントを呼んで、ネットカフェ難民について語り合うという番組もやりました。
そこで、女性タレントがグッドウィルに登録して日雇い派遣を体験してみるというコーナーを作りました。彼
女は遠くにあるコンビニの弁当を作る工場に派遣されるのですが、そこで労働を終えて給料を受け取りにグッド
ウィルの五反田の事務所に戻ってこようとすると、交通機関がシャトルバスみたいなものしかないので、それに
乗って帰ってくると午後七時をちょっと回ってしまう。七時でグッドウィルはおカネを出さなくなるので、その
日働いたおカネをその日もらえない。彼女には最初に三〇〇〇円ぐらいしか渡していなかったので、その日泊ま
るところがなくなって、マクドナルドで夜を明かした。こういう、非常に民放的といえる番組ですが、分かりや
すい。ボクシングの内藤大助選手も出てきて、「私、グッドウィルで働いたことがあるのですが、いやあ、あそ
こはひどいです」などとスタジオでしゃべったり。そのように硬軟使い分けていろいろな形で報道できたのは、
やはり視聴率が取れたことが背景にありました。
ネットカフェ難民という状況を伝えたこと、それから、日雇い派遣のグッドウィルについて各紙一斉に書く状

態になっていて、そこで続いて報道ができた。

――六〇年代にはもっと社会的な連帯というものがあって、労働組合は組合に入れない労働者のためにもたたかっていたと思いますが、いまの労働運動は変質していると思いますか？

市川　連帯という意味では、偽装請負の報道にもっといろいろな報道機関が反応し追随してくれると思っていました。しかし、ほとんどのメディアは、あまり関心を示してくれなかった。行政機関が動くと多少は報道しますが、メディアの連帯――一緒に組んで何かやるというより、同じテーマについて競争して報道することが結果的に、幅広い世論に訴え、世の中を動かすような連帯――が弱くなっているように感じました。

労働組合の力が弱くなっているのは、企業の中の正社員を守る組合に成り下がっているから。われわれの取材に対しても、連合の会長が、正社員のための労働組合であって、より広い労働者のための連帯などはあまり考えなくなってしまったという現実があるのだろうと言っていました。

大企業の社員のための労組でしかないのだから、われわれの取材にも答えてくれません。「非正規雇用の人たちがこんなに苦労していることを、あなたたちはどう思うのか」と聞いても、「それはちょっと答えられない」という状況ですから、労働組合の連帯というのが本当になくなってしまったと感じました。

●大阪高裁判決に結実

司会　ありがとうございました。最後に、一言ずつお願いします。

市川　この偽装請負の隠されたテーマは、非正規雇用・間接雇用の矛盾を突くことだと思うのです。とはいっても「労働者派遣はおかしい、格差を助長する」などと言っても、たぶんうまくいかない。なぜならば、それは合法だからです。

ところが、偽装請負はわかりにくい問題ではあるものの、法的には違法な雇用形態です。この違法性を徹底的に突いていけば、その向こうに、間接雇用とか今の労働者派遣制度の矛盾に行き着くのではないか。もちろん、そこまで行くという確かな見通しがあったわけではないのですが、そこを狙った。結果的に、われわれの意図を一番くみ取ってくれたのが、四月二五日の大阪高裁判決です。つまり、偽装請負は、労働者派遣法違反であるだけでなく、それ以上に重い刑罰がある職業安定法違反、つまり労働者供給事業である、ということを明快に述べてくれた。人を送りこんでピンハネをしてはいけないという法律に則って判断した画期的な判決で、われわれがいちばん言いたかったところをちゃんと代弁してくれた。

グローバリゼーションは、各国の雇用制度に強い影響を与えています。日本で派遣制度が拡充してきたのもグローバリゼーションの影響が強いと考えてよいでしょう。その強大な力をやむを得ないものとして安易に受け入れれば、経営者側にとって都合がよい雇用制度になるでしょうし、逆にその横暴さ、危険性に着目すれば、労働者にも配慮した雇用制度にしようという力が働きます。時代状況や世論によって、行ったり来たりしながら雇用制度は変遷してきましたが、今回はわれわれのキャンペーンもあって、働く人を利する方向に少しは押し返せたのかなという気はしています。

●けなげでなければ助けないのか

水島　今回は貧困というテーマですが、日本で戦争直後を除いて、貧困がこれほど報道のメインテーマになったことはかつてないのです。ただ、これが今後も続くのかどうかというと、分からないところがある。ひょっとするとブームかもしれないという危惧を私は持っているのです。

私は二〇年前に札幌の餓死事件を取材したあと、ロンドン支局に四年間いました。イギリスでは日常的に貧困がメインニュースになっているのです。貧困、ポバティという言葉が頻繁に出てくる。イギリスの貧困率はこうなった、子どもの貧困がこんなに増えているとか、大学や研究機関が調査したり、貧困意識の調査で、年に一回、クリスマス休暇で国外旅行に行けるのを項目に入れていいかどうかとか、家族の誕生日プレゼントを買えなければ貧困としていいのではないかというような議論が活発に行われていた。イギリスには「子どもの貧困行動グループ」という、大きなNPOがありますが、そこが労働党や保守党の党大会に必ず顔を出して、各党の貧困政策について「ここがおかしい」「これをやりなさい」ということを主張していく。党大会でも分科会が行われて、社会保障とか、雇用とか、環境などの政策を吸い上げる仕組みになっていて、貧困がそこで一つのテーマになっていたのです。

日本では、つい数年前まで「格差」という言葉や「下流社会」という言葉でだんだんこの問題に近づいてきて、いま「貧困」になってきている。貧困の問題に詳しい日本女子大の岩田正美教授は、福祉を研究する学者や福祉業界も、差別的なのではないかと思って「貧困」という言葉を避けてきたと言います。それで、かえって事態を見えなくしていた部分があったと。私はイギリスにいたときから貧困の報道をやりたいと思っていて、ようやくそういう時期になってきたということなのです。

最近になって貧困がクローズアップされるきっかけになったのが、冒頭で言った「NPO法人もやい」ですが、この団体の事務局長の湯浅誠さんは三九歳、首都圏青年ユニオンの河添誠書記長、グッドウィル追及を最先端でやった派遣ユニオンの関根秀一郎書記長はともに四四歳です。つまり、四〇前後の若い世代が「これは問題だ」と声をそろえだして、そのうねりがすごく大きくつながっている。それが「反貧困ネットワーク」というつながりとなって、労働組合や障害者団体や、生活保護問題をやっている団体などがときどきイベントをやる、という動きが去年からでき始めています。

保守系の雑誌も含めて、貧困問題は社会的な問題だという認識ができている。そういう意味では希望があるのです。

例えば、今朝の朝日新聞はロンドン発で、携帯電話を持つことは最低生活の水準として必要だという英国人の意識調査が出てきた。湯浅氏の友人のフランス人留学生が以前、朝日新聞の見出しを調べたら、貧困というのはアジアとアフリカの貧困ばかりで、九〇年から〇二年までの一三年間でたった七件しか、朝日でさえ日本の貧困問題を扱わなかったという実態があるのです。ですから、「貧困」という言葉をどう定着させるかというのは、われわれジャーナリストの使命でもあるし、社会的な運動としての方向性でもあると思うのです。

さきほど、ヒトミさんはけなげな言葉を残したから、助けたいというメールが来たという話をしましたが、では、けなげでなかったら助けなくていいのか。実はそこが最大の問題で、イギリスでは、けなげか、けなげでないかというのは問わない。貧困というのは、経済的だけではなくて、社会的な関係とか、学歴とか、住居とか、いろいろなものを奪われた状態が貧困だと定義します。だから、それを救済するのは社会全体のリスクを軽減することになるのだという市民意識があるのです。ただ、われわれメディアはそれを超えられなくて、「けなげなヒトミさん」を登場させないとダメ。たぶんＮＨＫの『ワーキングプア』に出てきた人たちも、そういう人たちを選んでいると思うのです。けなげな人ではない人でも「これは問題だよね」と思えるような社会をどう作っていくかというのは、報道の側からも大事なポイントかと思います。

●「自己責任」ではすまされない

板垣　グローバル化が急に加速して、企業は合理化しなければ生き残れない。そこで人件費を削減する、そのために正規職員をやめて非正規労働者を雇いあげる。日本の企業が全部倒産してしまうことを肯定するわけにもいかないですし、そのこと自体が企業の生産活動として間違っているとは言えないと思います。しかし、グローバル化で企業がそういった方向に進まなければならないときに、労働法を改正して、労働市場を流動化させて非正規雇用を増やすのが、国として正しい政策なのかということについては、みんなで考えなければならない。労働というのは本当に社会の基本ですから、今、このような事態になってみて、改めて考えなければならないと思います。

最近、妙な事件が目に付きます。例えば、どこかのネットカフェのゴミ箱で産み捨てられた乳児が見つかった、下水処理場で乳幼児が見つかったという。産み落とした方がどういう状況にあったのかは必ずしも明らかにされているわけではないですが、多くが経済的な理由で乳幼児を殺害して遺棄している。あるいは、親の年金をもらい続けるために親の遺体を隠すという事件も地方で多発していて、年金課の職員は、九〇歳ぐらいの住民は本当に生きているのかどうか確認しなければならない、というような状況にまでなっているという話を聞きます。

これらは全部犯罪ですから本人に責任があることですが、では、どうしてそうなってしまったのか。秋葉原事件もそうですが、社会の矛盾のように吹き出している現象の一つひとつを、「自己責任」という言葉で、その犯罪者だけを罰することで治安が守られるとは、私には思えません。今、それはさらに悪い方向へどんどん行ってしまっていることが、事件の奇妙さなどからもうかがえます。

生活保護の切り下げにいちばん反対したのは生活保護の受給者たちですが、いちばん賛成したのはワーキングプアの人たちだったということも言われています。貧しい人どうしで足の引っ張り合いをさせるようなこともあります。「自己責任」を声高に言う人たちは、本当に自己責任ということについて考えて言っているのか、本当の意味での自己責任というものを問える時代なのか、ということを、現象を通じて報道していかなければいけないと思っています。

II　背後に横たわる農村の崩壊

農村に見る日本の貧困

民俗研究家　結城　登美雄

●農業の現場がちっとも伝わらない

僕はこの一五年ほど、東北の農山村漁村、いわゆる中山間地の集落を五〇〇、六〇〇ヵ所ほど回っています。メディアから伝わる農業の話は、僕が歩いた農村の現場と全然クロスしないと感じていました。そういう意味で、メディアが都市化してしまって、現場から遠いという感じがしています。

二〇〇五年までに三八万ヘクタール余り、埼玉県とほぼ同じ面積の農地が耕作放棄されました。でもそれがどういう状態かということは伝わっていない。食料自給率三九％という数字も有名になりましたが、それは我が事には絶対ならない。どうにかしなければならないということを言うための報道のような気がするのです。

農政が変わった、昨年四月から品目横断的経営安定対策が導入された、といいますが、僕は、いくら論じてもダメだろうと思います。農政によって農業がどうにかなるという段階ははるかに過ぎてしまった。でも、二兆六〇〇〇億もおカネを使っているのだから、「まともにしろ」ということぐらいは言いたい。

海外情勢が風雲急を告げるような動きがあるために、三九％の自給率が「大丈夫か」という物腰で言われるようになった。食品の不信をめぐる事件の報道もよく耳にします。しかし、それと農業の問題とはつながらないままで、やたら数字をベースにした食料不安があおられているところがあります。食べ物を作っている人たちの住んでいる農村は今どうなっているのか、どんな問題を抱えているのか。断片的に「限界集落*は問題だ」というような話は出ますが、連関性がないままにその場その場の事象が出てきて、どう考えたらいいのかわからない。

＊ 過疎化で六五歳以上の高齢者が五〇％以上となって、社会的共同生活の維持が困難になった集落。

品目横断的経営安定対策——戦後農政の大転換——というのは、大面積の農家以外は国は支援しませんということです。四ヘクタール以上の認定農業者か、あるいは集落でまとまって二〇ヘクタールになったら応援しましょう。それ以外はダメということで、昨年四月から踏み切ったわけです。相変わらず大規模農業一辺倒の農業政策です。

その間、格差社会や貧困がさらに進んでいる。では、一〇ヘクタール、二〇ヘクタールの大規模農家と言われている農業者、とりわけその後継者はどんな状態なのだろうと、宮城県を代表する若手農業者から何度も話を聞きました。

このまえ地震のあった宮城県の栗駒山から一関市のほうに下ってくるところに、ある看板が立っています。「二一世紀も栗駒米でおいしい笑顔」というものですが、裏側に落書きがあって、「農家崩れたっていいさ、国家ともども」とある。こういうことを看板に、ペンキで書かなければならないところに、今の後継者と言われている人間の内面が表れているのです。

●後期高齢者が支える日本の食

食料自給率三九％。低いということは承知していますが、私はよくがんばっていると思う。国民一人あたり一日の消費カロリー＝二五六〇キロカロリーに対して、一日あたりの国内生産が九九六キロカロリーで約三九％

です。だけど、食べる人間は一億二七七〇万人いて、毎日遠慮なく食べます。食べ物を作る側は、農業者は平成一九年（二〇〇七年）で三一二万。漁民は二〇万人になりました。燃油高で、漁民のみなさんは七月一五日に一斉休業をやるそうです。昨年からそういう気配はずいぶんあったのですが、社会には全然伝わっていません。サンマ船は一回操業すると四〇万ぐらい油代がかかる。赤字にしないために、船の水位ぎりぎりまで獲って積まないと帰ってこられない。一、二回漁に出るともう操業できない。この春先に関係者に聞いたら、「サンマは五〇センチぐらい船が水没するぐらい積めないとできない」という。つまり、船を出せないということなのでしょう。「油を使いすぎだ」という批判もあるかもしれないが。ワカメ以外は今年の三陸の漁業はダメで、それが、二〇万漁民が今年、ストライキのように休業する理由です。

三一二万農民と二〇万漁民という二・五％の人が残り九七・五％の食料を支えて、三九％を維持しているということをどう評価するか。私は「立派だ」というところからアプローチしたいと思っています。『世界がもし一〇〇人の村だったら』という本がありましたが、日本が一〇〇人の村だったら、三人が食べ物を作って、九七人が好き勝手に食っていることになる（笑い）。あと一〇年経つとそれが一人ぐらいになります。

昨年四月のデータでは、七〇歳以上が農業者の四五・二四％になりました。一四一万一〇〇〇人は七〇歳以上です。つまり、後期高齢者が日本の食を支えているという考え方もできようかと思います。そして六〇歳代は二三％。五九歳以下は、一〇年後にはおそらく一二〇万を割るだろうというのが僕らの推計です。一％が九九％を支えていけるだろうか。政府は「五〇％の自給率にする」などと言っていますが、「嘘吐き」としか言いようがない。

ある老人が作った俳句です。「田植え機を　買う決心を　して寂し」。そういう思いはさせたくないものだと思います。七〇になってもう辞めようかと思うとき、赤字で農業がダメなのに、動かなくなった機械を買い替える。実は、七〇歳以上の年金をつぎ込んで、日本の農業の半分ぐらいは成り立っているのです。だから、農家の家計簿をきちっと受け止めてほしい。霞ヶ関の言い訳みたいなものを農政だと言っている限り、メディアは、農業が良くなるためには何の役にも立たない。

減反政策が始まった一九七〇年、農業者人口はなお一〇二五万人ありました。それからずっと減ってきています。三一二万人の五五%は女性、六〇歳以上が七割ですから、私が撮る山村風景は全部じいさんばあさんの写真になってしまう。

日本の平均的な農家像を言うと、農業収入は一九八〇年に九五万円でした。九〇年に一一六万円、九五年に一四四万円、二〇〇〇年に一〇八万円、二〇〇五年に一三七万円。今、一三七万八〇〇〇円で、少しずつ盛り返しているようですが、農外収入が八五〜九〇%だと思ってください。農業を中心に考えて「兼業」という表現をしますが、暮らしを成り立たせるためには兼業せざるを得ないのです。バブル直後には八九一万の農家収入があり、そのうち農業収入は一六・二%でした。今、三〇%に上がりました。農水省はこれをデフォルメして「農業収入が三割を超えた」と言う。すると「農業は上り坂だ」というような頓珍漢が出てきますが、公共事業も地域の仕事もなくなって、農家が収入を半分に減らしている。なお価格が下がって、二万円を超えていた米が一〇年足らずで一万円になってしまうとき、農家にとって米の見え方が本当に変わりつつある。ここ一、二年の間に三割ぐらいが一気に農業を辞めてもおかしくないような情勢になっています。

漁業者は毎年一万人ずつ減って、今、漁船員の四七%が六〇歳以上です。二〇万のうち一七万が男性で三万が女性ですが、このままだと、二〇年以内に日本の漁民はいなくなるとデータが教えてくれているのです。

農水省のデータで、八〇年代の米農家の収入は時給換算で六二二円ぐらいだった。冷害で補償金が出たこともあって高くなったのですが、いま時給換算で二五六円ぐらい、日給で二〇二六円ぐらいです。これでは「なんとか作ってくれ」とは言いにくくなってきた。ここには、年金が支えている分は入っていません。

●人の手が加わってこそ

人間は、当たり前ですが食べなければ生きていけないという厳然たる事実があります。貧困の問題は飢餓の問題と本当はセットで語られるべきだが、今「飢餓」と言っても日本ではリアリティを持たない。どうしたらいいかと模索して、国をあてにしないで、食べる人と作る人が支えあっていく関係「コミュニティ・サポーティド・アグリカルチャーズ」(CSA)を宮城県の鳴子という地域でやっています。この一〇年間で全国三四四万戸の農家が二八〇万戸に減り、東北では五五万が四六万に減り、旧鳴子町という八〇〇〇人の村では七三〇から六二〇に減りました。国の支援政策の対象になれる農家は、鳴子では六二〇戸のうちたった四戸です。これが中山間地*の平均とは言いませんが、六〇〇戸のうちせいぜい一〇戸くらいが対象になっているだけで、あとは国は知らないということなのです。

＊ 平地の周辺地から山間地に至る、まとまった平坦な耕地の少ない地域を「中山間地域」という。

だから、限られた人にしか農政はもはや存在していないと言ってもいい状況なのに、そういうことは多くの人に伝わらない。農家が減っていけば当然、水田は消えていきます。東北地方の耕地の七〇%は水田で、私のいる宮城県は八一%が水田、秋田は八五%です。この水田が二割ぐらいのペースで消えていきます。「転作をしなさい」と言って減反していますが、実際には耕作放棄で、全国で一〇年で二・四倍、東北では二・三倍、宮城県では二・二倍。中山間地の代表である鳴子地区あたりは四・五倍の耕作放棄地となっています。

標高七〇〇メートルぐらいのところにある、現在九戸、限界集落をはるかに超えたところで、米を三〇〇年続けてきた田んぼがあります。私はここを一二年間追いかけて、毎年写真を撮ってきましたが、昨年、ついに耕作放棄されました。小さくて、水が冷たいので、平地の水田の三分の二も収穫できません。いつも六四株植えるという律儀なおじいちゃんが一人でやってきましたが、「これでも私の家族の一日分の米が取れます」と言うのです。そういう目で田んぼを見ることができなかった私としては、農業やいろいろな営みを考えるいい教えをいただきました。三〇〇年、家族の一日分のお米のために耕し続けられてきた田んぼでした。それがなくなった。こういう場所に立ったときの、理屈を越えた感情みたいなものを、私はものを書く源泉にしています。

昭和三九年、村を離れて都へ急ぐことを「向都離村の時代」と言いました。昭和三〇年代、東北は六三％が第一次産業でした。現在は六・五％、ちょうど一〇分の一に減りました。「都会が良い」、その挙句がネットカフェ難民なのかワーキングプアなのかは分かりませんが、その頃地方を歩いていた民俗学者の宮本常一さんは、人が村からいなくなって過疎になっていく姿を見て、「自然は寂しい」と言った。今、メディアは、自然がすばらしい、貴重だというような報道をしていますが、私は今、「自然は寂しい」というのが少し分かるような気がします。

しかし、宮本常一という人はすごい人で、「しかし」と切り返す力があります。「人の手が加わると温かくなる」と言うのです。僕が伝えたいのは自然の寂しさではなくて、温かくなる現場・現実を実現したいものだと思っています。

日本農業をどうする、日本の食料をどうする。僕も一生懸命考えようとしましたが、僕の答えは「分からない」です。ただ、一人ひとりの農民というのは、一町歩だったり、五反だったり、限られた農地の中で精一杯良いものを作ろうと努力してきた存在だと思っています。それが評価されるようにしていくのが農業支援で、農政もそうであるはずなのに、現場が分からなくなり、数字の辻褄合わせでごまかすようなことしかできていない。そこから垂れ流される情報をいくら追いかけても、おそらく次の方向は出ないと思います。

貧困が飢餓や死に至らないために、食べなければ生きていけない。水がなければ生きていけないように、農業は代替不可能なものです。自由主義経済は相変わらずの付加価値論で農業を振興しようとしていますが、付加価値が付けば農業の所得が上がるという段階ははるかに過ぎてしまった。転がる石のように、一〇〇万単位で日本の農業者は食べ物を作ることを辞めていく時代に入ったのです。

そうならないためにどうしたらいいか。わずかな救いは、それこそワーキングプアやネットカフェ難民、派遣、非正規雇用の若者たちが、農山村に向かいはじめているという流れです。「世迷言だよ」とか「たまたまの話だ」と言われますが、誰だって人生に希望を持ちたいのです。小さな農地、小さな収入でも何百年も村を営んで、今も生きているおじいちゃんたち、おばあちゃんたちと、人生の始まりにとんでもない状況に立たされた若者たちが向かい合って話し合っていくと、何か通じるものがあるような感じを、僕は気配として感じています。

パネルディスカッション

●年金をつぎこんで

司会 結城さんからかなり衝撃的な問題提起をいただきましたが、板垣さんは『ワーキングプア』で秋田の農家を紹介されていますね。農村の貧困の問題をどう捉えているか、いまの結城さんの話も踏まえてお聞かせ願えますか？

板垣 番組で取材したのは秋田県の二件の農家でした。取材してみて、地方と都会とでは貧困の様相に差があることに気がつきました。都市部は格差の上のほうと下のほうが「光と影」という感じで存在しているのに対して、地方では一様に貧しい、「総貧困化」とでもいうべき状態なのです。私はＮＨＫスペシャルで放送した『ライスショック』という、日本の米の問題を取り上げた番組にも関わりましたが、日本の農家はむしろ働かないほうがいいくらいの状態なのです。

高齢者の農家の方は月々六万円ぐらいの農業者年金で暮らしているわけですが、それを貯めて農業の赤字を補てんしている。それでも毎日朝五時ぐらいから日が暮れるまで田んぼに出て、自らの労働は無価値化されているにもかかわらず、自分の年金をつぎ込んで、田んぼを守り続けている。そういう方々が作ったお米を私はいただいているのだということに気がついて、まるで自分が霞を食べて生きているかのような感覚に襲われるほどショックを受けたことを覚えています。

私はお米を中心に取材したので、野菜については『ワーキングプア』で出てきたイチゴ農家の方しか存じませんが、おそらく米以外の農業も、林業も漁業も、物を生み出すという国の力の根幹である第一次産業が、朝から晩まで誠実に働いてもそれに見合う水準の給与を得られる状況ではなくなっていると感じます。

グローバル化は止められない流れだとは思うのですが、国としての力であるそういう産業をどう守っていけばいいのかということについて、貧困という視点でも、日本の産業という視点でも、もう少し考えていかなければいけない。これからも崩壊が加速するのではないかという声が高いですが、現場がどういう状況であるのかを取材して訴え続けていきたいと感じています。

司会　ありがとうございました。結城さんは、日本の農業がこのような状況になってしまった要因はどこにあるとお考えですか。

結城　一言では言えないのですが、「農家のための農協」が、「農協のために農民がいてもらわないと困る」というふうに変わっています。本末転倒です。農民はばたばたいなくなっていくのに、農協だけは合併しながら生きている。だけど、もうこれも限界が来ました。農民がいないのだから組合が成り立つわけがないという段階です。新規就農者は毎年一万人ぐらいですが、一方で毎年一二万〜一五万人が農業を辞めていく。今年から来年にかけて、国家公務員と地方公務員の総数と農民の総数が逆転するはずです。そういうことを全然考えずに「食の未来は……」などと語るのは「冗談は止めてくれ」というぐらいのことです。

原因はいろいろありますが、農業を産業論、経済論の中で論じてよいかというところが僕は分からない。米がないからガソリンでも飲んでろ、というふうに人間が生きられるなら別ですが。食べ物の大事さを考えるとき、年金をつぎ込みながらやってきた老人たちの存在や思いというものが、僕は手がかりになるような気がしています。野菜や米は「海外の友だちをいっぱい作って、ないときは出してもらえばいい」と思っていても、海外の諸国はみんな逃げていきますよ。

学者と役所がお互いアリバイを作って、もたれあってダメにしたのは間違いない。新聞は、懇談会や審議会など、馴れ合いのところからコメントを取ってもしょうがないと思います。学者の罪も深いし、それを盾にして行政がしのいできたのも本当にひどい。組合員がどんどん離れていくのに、国と結託して集落営農で再び囲いなおして、また高い肥料を売りつけようかという農協もみっともない。

だけど、こんなことをいくら言っていても何も解決しません。ダメな原因は一〇〇でも挙げられるが、良くなる道を一つでも二つでもやっていくということが、農業や食糧に関しては大事なのではないかと思っています。

●地方の疲弊と派遣労働のひろがり

司会　ありがとうございました。市川さん、こういうテーマは、それこそ特別報道チームの題材になり得る話ではないかと思うのですが。

市川　農業問題の矛盾についてやってみないかと、二ヵ月ぐらい前、一人の記者に専念させてみたのですが、あまりにも複雑で、難渋しています。これは、いわゆる告発調の調査報道で切るのは危険でもあるのです。偽装請負の報道は、労働者寄りの流れみたいなものを作る一つのきっかけになったと思うのですが、農業というのは「ここが問題だ」というふうにはうまく切れないのです。私も農業には非常に興味はありますし、定年退職したら農民になりたいと思っているくらいですが、まだ私の手には余るというのが正直なところです。

ただ、偽装請負の取材を通じて、地方で若者たちが工場を転々としながら搾取されていることを知りました。彼らは労働法について詳しくないし、自分たちが違法な状況に置かれているという認識もないから声を上げない。

そこはすごくもどかしいのと同時に、農業でおカネにならないから、派遣でも請負でも、とにかく現金収入になればいいという、半ば諦めにも似たような状況があって、企業はそういう状況をうまく利用しているのだろうと思いました。農村の工場にもわれわれの記者は取材に行って、彼らが搾取されている実態は調査したつもりです。

司会　水島さんも、結城さんの話で考えたことなどご紹介ください。

水島　いろいろなことを気づかされたなと思うのですが、やはりわれわれには非常に難しい。農業というのは、貧困も似ているところがあるのですが、テレビでやろうとすると絵にならないのです。農作業をやっている姿だけではだめで、では問題の構造を映像的にどう説明するかとなると、板垣さんがやったように、非常にダイナミックな巨大アメリカ資本などについてまで描かないといけない。それはなかなかうちの予算では無理だとか、いろいろなことを考えてしり込みをしてしまうところがあります。ただ、今おっしゃったように、単なる経済的な視点ではなくて、もっと違う視点で見なければならないというのは理解できます。

私がネットカフェ難民の取材をやっていて感じるのは、いろいろなレベルで昔ながらのコミュニティの崩壊が起きていることです。ネットカフェ難民のような若者たちには地方出身者が相当いるのですが、彼らは実家にいられないのです。親との折り合いが悪くて、親と一緒にいると殺してしまうかもしれないと言って都会に出てきてネットカフェなどにいる人たちがいる。激しい虐待とか、ネグレクトとか、家庭内暴力もあるのですが、自分が一緒にいると口も利きたくなくて引きこもってしまうとか、本当に加害者になってしまうかもしれないというケースもある。それはひょっとすると、結城さんが言うように、何か大事なものをわれわれは壊してしまっている、ということにつながるのかなという気はします。

そういう人たちは、なぜか北海道とか沖縄とか青森の人が多くて、二、三ヵ月単位で全国を転々としているのです。愛知県の工場にいたと思ったら埼玉県にいたり、東京に来て日雇いをやってみたり、工場が多い静岡へ行っていたりと。取材してみると、青森あたりでは、地元のハローワークへ行っても月給一〇数万がいいところですが、派遣労働などでは――ハローワークの中で派遣会社が人材募集などをやっています――「二〇万稼げる」「三〇万稼げる」と、場合によっては言うのです。それで彼らは東京などに来る。しかし、実際には、それこそ偽装請負の報道でも明らかになったように、寮費や光熱費を多額に取るような悪質な業者もあって、なかなか貯金ができない。二〇数万といっても、手取りは本当に一ケタになってしまう。ですから、地方が疲弊していることが、今のこういう派遣労働の実態の裏返しになっていると言えると思います。

●農業という労働に正当な評価を

結城　板垣さんの「貧しいことは恥ずかしいことか」という思いは、本当によく分かります。働いても働いても望む収入が得られない、評価されない。しかし、農業には労働基準法は適用されない。労働基準法違反ではないわけです。市場原理はそういうことで押し切っていくわけですが、僕が言いたいのは、市場原理を持ち出すのなら最低賃金法をクリアしてから言いなさいということです。

キヤノンなどのメーカーは物を作るという意味では生産者です。生産者には材料と工程にもとづく価格があります。これを一般に「メーカー希望小売価格」と呼んでいますが、日本の農業者は、戦後に限っては、一九九一年ぐらいから始まった農産物直売所の一袋一〇〇円を除いては、自分でメーカー希望小売価格を付けられない存在だという問題があります。つまり、消費者ニーズは常に言われますが、生産者ニーズについてこの国は配慮ができていないと僕は思っています。

例えばダイコンは、僕の調べた範囲では一本三〇円以上もらっている農家はない。この二〇～三〇年、小売店は一本一二〇円～一五〇円で売っている。その間に農協があり、経済連があり、中卸があり、小売があり……食品の産地や消費期限などの偽装の問題も、そこにあるわけです。

本当は、再生産できるものにするために、多くは望まないが権利として、私たちが作った食べ物はこういう値段で買っていただきたいということがどこかで保障されないといけない。卵は「物価の優等生」などと褒められてきましたが、それを作っている農家がどういう思いをしているかということに対して僕らはあまり踏み込んでこなかった。農業という労働に対する評価を怠ってきたと思います。怠った最大の要因は、やはり国だろうと思っています。

司会　ありがとうございました。会場から質問はいかがでしょうか。

●「貧乏上手」な若者たち

――かつて八〇年代に、農村に外国人花嫁が大勢入ったことがありましたが、その後はどうなっているのでしょうか。後継者が育っているでしょうか。

結城　東北はとても多いと思います。僕もたくさんお付き合いがある。内側までは十分理解できないところがあると思いますが、紆余曲折がありながら、受け入れていったようです。しかし、そのお子さんたちは必ずしも後継者にはなっていません。後継者になった例としては、自分たちの生産物を直接売るとか、加工して出荷するといったところではいくつかありますが、野菜やお米を生産することについての後継という道は、あまり開かれていないようです。

――グローバリゼーションの中で、農業もまた安い労賃との競争を強いられている。一方、国民のほうも自己責任論になっている。こうしたなかで、何か変革の芽はあるのでしょうか。

結城　例えば、「緑のふるさと協力隊」というNPOがあって、自治体が月五万円で都会の若者を受け入れて、彼らは農村で一年間働いて、さまざまな経験をしながら地域の人たちと交流していくというものですが、定着率が五〇%ぐらいあります。僕は五、六年お付き合いして、いろいろ勉強になった。若者たちの応募はものすごく多いのです。ただ、受け皿が少ないためにだんだん減っている。それを超えて若い人たちが農山村に定住しよう、仕事の場を求めようとする動きもありますが、それは仕組みなど何一つできていない中での手探りです。

さきほど出てきたネットカフェ難民の親の世代は、貧乏ということを非常に嫌う。だから逆に「貧乏は恥か」と板垣さんがおっしゃるような問いを抱えるのですが、いまの若者は「貧乏上手」です。持たないということ、少ないということを前提に、きちっといい人生を作るという構えを持っている若者がどんどん増えてきたと僕は見ています。

大人のほうが「これじゃ食えねえだろう」と思ってしまう。息子が後継者になりたいと言って農村に戻ってきても、「百姓なんか、俺がやったってダメなんだから」と親のほうがあきらめている。僕ら大人はバブルを引き起こすぐらい無制限に、欲望を刺激されればいくらでもバカなことをやれるのですが、欲望の水準を抑制できる力を持っているのが若者たちだと思っていて、むしろそこに僕は希望を感じているのです。

問われているのはわれわれのほうです。自分たちの経験にものを言わせて判断しているようなところをもう少し相対化すること。もっと言うと、大人たちが妙な邪魔になってはいないかということも感じているのです。

司会　ありがとうございました。

Ⅲ　新自由主義と現代日本の貧困

一橋大学　渡辺　治

はじめに

きょう私のお話したい点をまとめていうと、以下のようです。現代の日本で噴出している格差とか貧困の問題状況は、大きくいえば現在世界を席巻している新自由主義の所産であり、その意味ではアメリカやイギリスで進行している貧困、格差の増大と軌を一にしているが、貧困や格差が自殺や犯罪、餓死といった社会統合の破綻という形で劇的に噴出しているなど、その現れ方は日本独特である。この特殊性は、日本では「構造改革」と呼ばれるようになった新自由主義の日本における非常に独特な展開の所産であるととらえることができるのではないか、ということです。

●格差・貧困問題の表面化

去年（二〇〇七年）から今年にかけて、政治や社会が大きく変動しています。一つは去年の参議院選挙で自民党が大敗北をして、参議院における与党と野党の比率が変わってしまいました。小泉政権を継いで構造改革を推進した安倍政権も、もろくも崩壊しました。それから、今年に入ると、四月以降、後期高齢者医療制度が非常に大きな社会的な問題になりました。それら諸事件を貫いて、通奏低音のように格差と貧困の問題が流れ、ジャーナリズムでも取り上げられ続けました。

とくに注目されるのは、参議院選挙においても、後期高齢者医療制度への批判においても、貧困と格差が、その背景にある問題として議論されていることです。格差と貧困の問題が社会的に議論され、政治課題になったのは、戦後の日本では初めてのことで、非常に画期的な事柄ではないかと思います。

戦後日本では貧困とか格差という問題は、決して日本社会の大きな問題だとはとらえられてきませんでした。もちろん社会学者や経済学者の一部には日本の貧困問題をずっと研究してきた人がいます。ジャーナリズムの中でも貧困問題を取り上げた歴史が全くないわけではありませんが、全体として見ると、〝日本の社会というのは、九割が中流であって、格差とか貧困というのはない〟とみなされてきた。とくにマスコミの中では、「貧困」という言葉自身があまり通用しないというか、使われてこなかった。それはちょうど「階級」とか「階層」という言葉が日本のマスコミではあまり使われないのと非常によく似た現象です。

●「二〇〇六年問題」

ところが、こうした事態は近年激変しました。その画期は二〇〇六年であったと思われます。二〇〇六年が、日本のマスコミの中で貧困問題というものがクローズアップされていく、画期となった年ではないかと私自身は思っています。私には、このこと自体、本日の話の主題に密接に関わる出来事だと思っていますが、それはまた後で述べます。二〇〇六年を振り返ってみましょう。

二〇〇六年一月三日付の『朝日新聞』に就学援助問題が取り上げられています。これは、文房具代とか修学旅

1 14版 朝日新聞 2006年(平成18年)1月3日 火曜日 43010号 (日刊)

朝日新聞

学用品や給食費

就学援助4年で4割増

東京・大阪4人に1人

豊かになるための壊す

再生 新生 2

膨らんだ街「減築」中

若田さんと野口 宇宙基地長

紙面から

『朝日新聞』2006年1月3日付1面

1 14版 2006年(平成18年) 1月4日 水曜日 (日刊)

MAINICHI 毎日新聞

全医療費を自己負担

04年度 本社全国調査

無保険30万世帯超

国保滞納対策「資格証明書」 00年度の3倍

人間宣言「新しい日本に向かう意味あった」

女性・女系天皇には異議

寛仁親王殿下インタビュー

戦後60年の原点

日常へUターン

NEWSLINE

肖像画撤去に批判 5

民主に立候補希望者殺到 2

箱根駅伝 亜大が総合V 2・21

トリノ五輪で日本は? 3

アメフット オービック日本一 19

『毎日新聞』2006年1月4日付1面

行費を公的に支援してもらわないと学校に行けない。そういう子どもたちが急速に増えている。四年で四割増になった。東京都の場合には二四％。足立区では四割、つまり一〇人の子どものうちの四人が就学援助を受けないと学校に行けないという状態があるということを『朝日新聞』が取り上げました。

同じ二〇〇六年一月四日付で『毎日新聞』が、無保険者が全国で三〇万世帯を超えたということを取り上げました。国民健康保険の保険料を払えなくて保険証を取り上げられ、資格証明書が出される。そうなると、治療を受けた場合全額自己負担になって、風邪でも六〜七〇〇〇円は取られる。こういう事態におちいった貧困層、無保険世帯が、三〇万を超えたという問題です。これは今現在ではさらに増えて三四万世帯になっています。

一月三日とか四日の紙面というのは非常に大事なんですね。一年間で何が、その新聞社にとって、日本の社会の中でいちばん大きな問題なのかということを取り上げる。その一月三日とか四日に何を取り上げようかと考えたときに、『朝日新聞』も『毎日新聞』も偶然、期せずして、格差と貧困の問題を取り上げた。それは貧困問題がマスメディアのアンテナに引っかかったことを意味している。朝日、毎日が「偶然」取り上げたことは、貧困問題が日本社会の内部にマグマのように堆積し噴出しかかっていることを示していたのではないでしょうか。

これを機に、各メディアが貧困問題を相次いで取り上げ始めます。準備期間を考えれば、朝日、毎日とほぼ同時期と考えてよいのではないか。ＮＨＫの『ワーキングプア』が放送されたのは二〇〇六年七月と、第二部が一二月ですか。それから〇六年の二月から〇七年の四月にかけて『朝日新聞』が「分裂にっぽん」と題して、格差と貧困問題を断続的に連載した。そして〇七年一月には日本テレビで「ネットカフェ難民」が放映される、と続きます。それから、一見すると関係ないように見えますが、共同通信が「中国に生きる——興竜の実像」と題して中国問題を取り上げます。これは、実は七八年の改革開放以来の中国の新自由主義が生み出した貧困と格差、二極化の問題に焦点を当てています。制作者には明らかに日本の格差、貧困問題への関心があったのではないでしょうか。これも二〇〇六年の四月です。この年には「格差社会」という言葉が流行語大賞にノミネートされる。

わずか一年前の二〇〇五年の流行語大賞は「小泉劇場」であったことを考えれば事態の激変は明らかです。

このように、全体として新自由主義と格差と貧困という問題をいっせいにマスコミが注目したのは、実は二〇〇六年だった。このことは、マスコミの人たちの敏感さを示すとともに、問題がこの時期に非常にはっきりとした形で出てきたということを証明しているのではないでしょうか。

では、なぜ日本でそれまで貧困問題、格差問題がほとんど取り上げられないで、この時期に一気に取り上げられるようになったのか。

私はその背後に、構造改革の強行による格差と貧困の爆発的な顕在化があると考えています。二〇〇六年というのは、言うまでもなく小泉政権、構造改革政権の最終年です。半年前の二〇〇五年九月には、「郵政民営化」を争点にして総選挙が行われ、小泉自民党が圧勝した。ところが、それからわずか数ヵ月後に、構造改革の矛盾が顕在化したという点に私は注目したい。

では、そもそも構造改革とは何を目指した改革なのか。構造改革はなぜ貧困と格差をもたらしたのか。日本では、構造改革はなぜ突然社会統合の破綻という形で矛盾を噴出させたのか。安倍政権が倒れた後、福田政権はいったい構造改革をどうしようとしているのか、というような問題について逐次検討していきたいと思います。

1 新自由主義とは何か？ どうして世界を席巻したか？

実は日本で「構造改革」と言われているような、格差・貧困をもたらす政治というのは、決して日本だけではない、世界ではネオリベラリズム（新自由主義）と言われている、世界的な政治の潮流の一環です。ですから貧困・格差も決して日本だけでなく、世界各国で深刻化しています。そこでまず新自由主義とは何か、それは、なぜ貧困や格差をもたらすのか、という点から検討しましょう。

●古典的自由主義から福祉国家的資本主義へ

私は、新自由主義とは、資本主義の新しい時代を特徴づける、資本主義のあり方だと考えています。資本主義体制は、一八世紀末の産業革命による確立以来、二五〇年くらいの歴史をもっているわけです。この二五〇年は、大きく言って三つの時代に分けられます。

最も早く資本主義化したイギリスでみると、一八世紀末から一九世紀末までの一〇〇年は、古典的な自由主義の時代、「レッセフェール」の時代です。資本が絶対王政の煩瑣な規制と税金から逃れて、自由に活動すれば資本主義は発展するし社会は繁栄するという考え方が支配的な時代でした。ところが、資本の「自由な」活動は決して人々に幸福を与えたわけではなく、非常に大きな社会問題を生じました。

たとえば、資本の自由な活動ということで、産業革命後のイギリスでは、大量の児童や女性たちが、工場に動員されました。産業革命で熟練がいらなくなりましたから、男性労働者よりはるかに安い児童や女性が労働力として活用されるようになったのです。一九世紀初頭には、イギリス綿工業労働者の実に六〇％が女性と一三歳以下の児童であったといわれています。その結果、たとえば児童の非行や退廃がおき、家庭が崩壊して、深刻な社会問題を引き起こしました。また、レッセフェールで国家が規制する必要はないということで、一三時間労働とか一四時間労働が一般的に行われ、環境はタダだということで企業は水をどんどん使う、さまざまな工場排水はたれ流すということで、都市環境の破壊が深刻化しました。

一九世紀のイギリスは「世界の工場」と言われて、今の中国に匹敵するような、ものすごい経済成長の時代だった。そのなかで起こったことは、たとえば一八三〇年代には、なんとイギリス労働者とその家族の平均寿命が一六歳～二〇歳になってしまった。流行病が大都市に流行して、貧困の中でチフスとかコレラによって大量の人々が死んでいく。都市が汚染される。公教育もありませんでしたから、子どもたちの体格や知育にも重大な障害が現れました。

一方で資本主義の発展により富裕なブルジョア階級が台頭し、他方で大量の貧困な労働者層が堆積して、格差が拡大した。ディズレイリーというイギリスの保守党の政治家はこうした状況に対し、イギリスは「二つの国民に分断される」と危機感を強めました。

これが、資本の自由な活動をすれば必ず社会はよくなるという自由主義原理に対する、大きな反論になったわけですね。そこから資本の野放図な横暴を規制して、福祉国家をつくっていかなければいけないという、二つの流れが登場します。

一つは労働組合運動です。これが資本の自由な活動を規制し、労働者の生活と保護の実現に邁進します。またその要求を政治で実現するために、労働者政党である労働党をつくって政権奪取を目指す。

しかしそれだけではありません。もう一つ、保守党の側でも、このままいったらイギリス社会は破滅するという危機感から、自由主義を規制し、労働者の参政権付与、初等教育の拡充、社会保障などを追求する政治潮流が台頭します。ディズレイリーを中心とした保守党の政治です。後者は、帝国主義の時代に入ると、植民地再分割の戦争に国民を動員するためにも、資本の規制と福祉の政治を実行するようになります。

こうした二つの力が合流して、福祉国家的な資本主義の時代に入ります。資本の自由な活動を規制し労働者の生活や権利を擁護する一方で、企業や高所得者から税金を徴収して、公教育とか福祉とか社会保障の充実に当てる福祉国家的政治が行われるようになりました。資本に対する負担と規制の時代が始まったのです。

それは資本主義の生産と発展をストップさせたかというと、そんなことはありませんでした。労働者の所得を上昇させ、国内市場を増大させることによって、むしろ生産力は拡大した。福祉国家的な資本主義の一〇〇年です。それが限界に達したのが一九七〇年代です。

●新自由主義時代の世界的展開

一九七〇年代のオイルショックの不況に直面した福祉国家的な資本主義の諸国、とくにイギリスとかアメリカでは、オイルショック後の不況に対して、従来どおり、不況になったら財政を投入して需要を喚起し、国内市場を回復して、景気の回復を図りました。福祉国家的資本主義を領導したケインズ主義の常套手段でした。ところが、これが全然効かない。国家資金を投入しても、企業はそれを補填に使い、設備投資に回さなかった。生産が拡大しませんから、不況は克服されないでインフレだけが進むということで、インフレーションと不況が合体したスタグフレーションという、それまでの経済学の常識にないようなことが起きる。

そこから、福祉国家時代にかけられた資本に対する負担と規制を軽減させ自由な活動を復活させて、資本の活力を回復させることによって景気を回復させようと主張して登場したのが新自由主義です。なぜ「新」なのかというと、かつての古典的な自由主義の時代にあった資本の自由な活動を、規制の緩和、負担の軽減によって、もう一回復活することを目指すからです。そのために福祉国家の政治を打破する政治ということで「新自由主義」と呼ばれるようになりました。これはだいたい一九七〇年代の末から始まることになります。

ところが、新自由主義が世界的に普及したのは実は一九九〇年代でした。最初スタートしたのはいま言ったようにイギリスとアメリカです。七九年にサッチャー政権、八〇年にレーガン政権ができます。両国で今までの福祉国家的な資本主義を再編して新自由主義的な政治を始めたのですが、日本とかドイツなどはついていかなかった。それが九〇年代に入ると一気に世界的に広まりました。

なぜ、九〇年代にそういう状況が生まれたのか。ひと言でいうと、冷戦が終焉して、世界の政治と経済の状況がガラッと変わったからです。それまでの冷戦時代、アメリカや日本やフランスやイギリスの企業が活躍する「世界」は、一〇億人の世界だったんですね。六〇億の世界の中で一〇億人の世界。アメリカと日本、東南アジア、ヨーロッパ・EU。これだけなんです。中国とかソ連という社会主義圏は、アメリカや日本の企業や商品の進出を認めませんでした。インドなど途上国の多くも、旧植民地ですから、やはり日本企業とかアメリカ企業の進出にはきわめて警戒的でした。ところが、冷戦が終わって社会主義が壊れてしまった。まず社会主義圏が、自由な市場圏に参入してきた。中国の一三億人が市場に入ってきた。六億のソ連、東欧、一〇億のインドが入ってきたということで、一気に世界が四〇億から五〇億の市場に膨らむ。グローバル経済の時代の幕開けです。こうしたグローバル市場のなかで、巨大企業同士の激しい競争の時代がやってきた。大競争時代です。

しかも、この市場に新しく参入した中国は、日本とかアメリカでは考えられないような低賃金の競争力を持っていた。九〇年代の初頭の中国の製造業の平均賃金は、南部の福建省では日本の製造業の平均賃金の三二分の一でした。ですから中国で会社を立てれば、日本では一人分の賃金で三二人雇える。これではもう勝負にならない。今まで福祉国家的なさまざまな規制を行った資本主義では、そういう中国やロシアやインドのような資本主義にはとても勝てない。

中国は外資を導入して経済発展をするために、企業の負担を軽くするために法人税を非常に安くした。そういう国々と勝負をするには、日本やドイツなども、イギリス、アメリカが先頭になって行っていた新自由主義改革を実行せざるを得なくなった。こうして新自由主義は、日本、さらにはドイツ、フランスの福祉国家に一気に広がる。そうすると、今度は新自由主義的な改革をやった日本に立ち向かうためにロシアとか中国がさらに新自由主義的な手法を取り入れて、資本の競争力強化を図るということで、新自由主義は一気に世界的に普遍化した。

●新自由主義の三つの柱

以上みたように、新自由主義とは資本の競争力回復のために既存の福祉的、規制的政治の打破をはかる改革と定義することができますが、新自由主義の手法には、どこでも共通した三つの柱があります。日本の構造改革の政治も、だいたいこの三つの柱で理解できます。

資本の負担軽減――社会保障切り捨て

第一は、資本の競争力を拡大するために資本の負担を軽減するということです。資本の負担というのは二つあります。一つは税制上の負担、法人税です。法人税は、企業の利潤に対して課せられる税金です。これが、福祉国家であればあるほど重いんですね。福祉国家の教育とか福祉とか社会保障とか、日本の場合には公共事業投資、こういうものをやっていくためには財政を拡大しますから。

法人税率でいうと、日本は法人税が五〇%でした。ところがアメリカは新自由主義改革をやって、四〇%、三〇%に下げました。中国も、企業の競争力をつけるために法人税を三〇%にしています。そうすると、たとえば、同じ一〇〇万円で車をつくっても、法人税が安いアメリカで車を販売する場合には、法人税負担分を車に上乗せして一一〇万円で売れる。ところが日本の場合には一二〇万円になる。となれば競争力は全然勝負になりませんね。ですから、資本の負担を軽くして、商品や企業の競争力をつけるためには法人税率を安くするというのがポイントです。

ところで、福祉国家の主たる税源は二つあって、今言った法人税と、もう一つは所得税です。福祉国家はこれを徹底して累進制にして、高額所得者からおカネを取る。これも福祉国家の特徴です。最高所得税率は八〇%くらいでしたから、高額所得者は一〇億の所得のうち八億は税金でもっていかれた。ところが新自由主義は最高所得税率を四〇%くらいまで落とした。「頑張ったものが報われる社会」です。

税金と並んで資本のもう一つの負担に社会保険の負担があります。医療保険でも年金でもそうですが、企業は半分負担しています。新自由主義はこれも軽減することを目指しました。

それでは、法人税負担を軽くしたり、社会保険の負担を軽くするには何をしたらいいか。第一は財政支出の縮減です。福祉国家的な財政である教育とか社会保障とか公共事業への支出が拡大すれば、最終的には所得税と法人税で面倒をみなければなりませんから、結局法人税が高くなる。国債を発行したって最後は税金ですから、結局のところ税金は高くなるので、それを押えるために財政支出の削減がめざされます。日本でも「財政構造改革」が新自由主義の中心に座るのはこのためです。

一般に、財政構造改革に際して何がいちばん大きい削減対象かというと、社会保障費です。社会保障の中で大きいのが医療費。医療の中で大きいのが高齢者医療です。だから支出削減の焦点は医療や社会保障費の削減となります。現在、高齢者医療制度の改変が浮上してくるのはこの筋からいえば当然ということになる。また医療費や社会保障費全体を削減、圧縮すれば、企業に課せられている保険負担も軽くなるので新自由主義は社会保障費の総額抑制を追求するのです。

それからもう一つ、財政を削減するケチケチ路線だけではなかなか法人税負担は軽くなりません。ケチケチ路線をやると同時に、法人税や所得税の累進制に代わる税金、代替税目が不可避です。これが消費税です。

以上のように、資本の負担を軽くするためには、財政構造改革、社会保障の切り捨てと消費税という二本立てになります。

資本に対する規制の緩和、撤廃

二番目の柱は、企業の活動に対するさまざまな規制を緩和するという改革です。規制緩和の第一は、福祉国家時代につくられた労働者保護のための規制の緩和です。児童労働の禁止、労働者派遣の禁止、労働時間規制、残業規制など、資本に対しては様々な規制があります。こういう規制が厳しければ厳しいほど競争力はなくなります。たとえば中国は三二分の一の賃金に加えて、こうした労働者に対する規制が緩やかですから、勝負にならない。そこで、競争力の強化のためにという口実で、労働者に対する保護、労働時間規制とか、残業規制とか、非正規を拡大しないような規制を取っ払えという要求が出てくる。それが一番目です。現代日本で非正規労働者を著増させた労働者派遣法による派遣の自由化、裁量労働制など労働時間規制の緩和などはこの典型例です。

二番目に重要なのは弱小産業保護のための規制の撤廃です。中小企業とか農業、自営業、地場産業。こういうものは資本の野放図な競争に委ねていたら、大企業との競争に敗けてみんなつぶれてしまいます。また農産物の自由化を行えば農業は皆つぶれてしまいます。ですから福祉国家は、自国の農業を守るために農産物の輸入を規制してきましたし、中小企業や自営業保護のために大企業の活動に厳しい規制をかけてきました。しかしこうした規制や保護が強ければそれだけ、企業の競争力は減退する。

なんで農業を保護したり自営業を保護したりすると企業競争力が減退するかというと、農業を保護するということは、それだけ高い食料品価格をわれわれが購入するからです。自営業保護によってそれだけ商品価格が割高になるからです。シイタケにしてもタケノコにしても、牛乳にしても肉にしても、途上国やアメリカから買ったほうが安いに決まっている。だいたいニューヨークの食品価格と東京の食品価格を比べると、東京のほうが一・五倍だというわけです。食料品価格が高ければ労働者の賃金がそれだけ割高になり商品の価格競争力がなくなるからです。資本にとっては、日本の労働者の賃金が安くなりさえすればいいわけで、日本の農業がこわれようが、そんなことは関係ない。自営業保護も同じです。小売り保護を廃止して大手のスーパー、コンビニが入ってきて、商店をつぶしても商品価格が安くなれば競争力がつくというわけです。

三番目が、国民の衛生とか安全という見地からの規制の緩和、いわゆる社会的規制の緩和です。これも厳しければ厳しいほど国民は安全なのですが、競争力はなくなります。たとえばいま食品の偽装問題が盛んに起こっていますが、規制が緩ければ問題にはなりません。中国と日本を比べると、食品添加物規制を始め、日本の方が遥かに厳しい。中国では、たとえばホウレンソウをつくって日本に輸出していますが、ホウレンソウにかける農薬や添加物の規制は日本よりはるかに緩い。一九四〇年代、私なんかも頭からBHCとかDDTをぶっかけられた経験がありますけど、日本では発がん物質で使用禁止でもその種の殺虫剤を中国では使用できる。そこで、安い労賃に加え、商品価格は遥かに安上がりになる。

また、BSEについても、検査を徹底すればするほど、それは高値になるから競争力がなくなるということで、規制を緩和しろという要求が噴出しています。

四番目の規制の緩和は、同一産業の日本独特の縦割りの規制の緩和ですね。たとえば金融では、生命保険会社は損保に入ってはならないとか、銀行は生命保険に入ってはならない。こういう縦割りの規制を「業際規制」と言うのですが、それをなくしてもっと自由にする。これは金融規制緩和で、すでに日本では実施されています。たとえばトヨタが銀行を設立することもできる、という形で日本の企業の競争力をつけるというのが四番目。

民営化と市場の民間開放

新自由主義の柱の三番目が公共部門の民営化と、市場創出です。公共部門が今まで面倒みていたところを全部民間の市場に開放する。この典型が郵政の民営化です。数百兆円の市場が提供された。また、特殊法人の民営化ということで、住宅金融公庫などが廃止され、住宅ローンが民間銀行にゆだねられました。住宅金融公庫だけで七兆円の市場が開放されました。

以上の三つが新自由主義の方策です。これらは、企業のリストラを促進し、福祉国家が行ってきた所得再分配による教育、福祉を切り捨て、社会保障費を削減し、さらに地場産業や農業の淘汰を促進することで、グローバル資本の競争力を強化した反面、大量の貧困層や格差を生んだのです。新自由主義の普及に伴い世界の各地で貧困と格差、富の偏在が生じたのは、こうした理由からでした。

2　新自由主義改革の遅れ――日本の新自由主義の特殊性・その1

日本での貧困や格差も、そういう新自由主義の三つの柱――資本に対する負担の軽減、規制の緩和、市場化――の所産として生まれているのですが、実はそれだけでは解けない問題があります。日本の新自由主義には他国にない独特の特徴があるからです。それを解明するために、日本の新自由主義の特殊性の原因を次に検討します。

●日本の新自由主義の特殊性――開発主義国家

新自由主義は世界的現象ですが、その現れ方は、各国によって様々です。また、新自由主義の矛盾の現れ方も各国によってだいぶ違う。新自由主義が破壊と再編の対象とした既存国家の違いに応じて、新自由主義の諸類型が生まれてくると思われます。たとえば福祉国家で、非常に頑強な労働組合運動や福祉の制度の完備した国では、新自由主義改革をやっても、労働組合や既存制度の頑強な抵抗を受けてなかなか進まない。ところが、そうした社会的制度的バリケードのない中国などで新自由主義をやると一気に進んでしまう。そのかわり、貧困化とか格差も非常に鋭く噴出するという具合です。そこで、日本の新自由主義の特殊な態様の原因を探るには、新自由主義改革が対象とした日本の国家というのはどういうものだったのか、ということを検討しなければいけない。

ここで重要なのは、日本は、典型的な福祉国家とはだいぶ違った国民統合の構造があったということです。神野直彦さんなどこれを「日本型福祉国家」（神野直彦「日本型福祉国家財政の特質」、林健久ほか編『福祉国家財政の国際比較』東京大学出版会、所収）と呼ぶ研究者がいますが、私はむしろ後藤道夫さんのいう「開発主義国家」（後藤道夫『収縮する日本型大衆社会』旬報社など）と呼んだ方がいいと思います。日本国家の国民の統合の仕方は、すぐ後で検討するように、福祉国家の国民の統合の仕方とは非常に違っているからです。これが日本の新自由主義改革に大きな影響を与えているのです。では「開発主義国家」とはどういう構造をもっているのでしょうか。

●福祉国家の国民統合の二つの柱

福祉国家というのは、先ほど言ったように、レッセフェールの資本主義の弊害を是正するために出てきたのですが、大きく言って国民を安定させるための二つの柱をもっていました。一つは、労働組合運動の団結や社会権を国家が保障した。産業別の労働組合運動によって、賃金引き上げ、労働者の保護、労働時間規制などを行い国家がこれを承認した。レッセフェールの時代には自由な契約が至上ですから労働者が集まって資本と集団で交渉したり契約を規制することは違法だったんですね。契約の自由に違反するようなことはやっちゃいけないといって、労働組合をつくったら処罰されていたのですが、福祉国家はそれをやめて、労働組合運動による労働者の集団的な交渉を認めて高賃金体制をつくった。

もう一つは、福祉国家の所得再分配政策による国民統合です。福祉国家の国民というのは労働者だけではありません。農民とか、子どもたちとか、労働市場に入らない女性たちとか、高齢者とか、こういう人たちに対する福祉というのは労働組合運動では決着がつかない。また労働者が首を切られた後の生活保障も、労働組合の産業行動では解決がつきません。そこで、労働組合運動を土台にした労働者党が政権を握り資本から高額の税金を取って、それを教育、福祉、年金などに振り当てて福祉国家政策をとった。この二つの柱で福祉国家は成り立っていた。

ところが、グローバルな競争の下では、労働者の高賃金体制をぶっ壊さなければ勝てないということで、新自由主義は労働組合運動に対する攻撃を敢行した。レーガン政権も、サッチャー政権も新自由主義の手始めにやったことは労働組合攻撃でした。また資本からたくさん税金を取って教育とか福祉を充実していたのでは、中国やロシアとの競争に勝てないということで、この削減にも手を付けました。こうしてヨーロッパ新自由主義は、福祉国家の二つの柱を壊しにかかったのです。

しかし、日本はもともと福祉国家の二つの柱とはだいぶ違った形の、社会の安定の方式をとっていました。私は開発主義国家には国民統合の三つの柱があったと思います。

●企業社会による労働者統合

一つは、企業社会です。日本の場合には、産業別労働組合運動によって労働者の生活を保護するという前に、企業が正規従業員を囲い込んで、従業員を平等に処遇して、労働者が企業に依存して、その昇進・昇格を通じて生活を改善する仕組みを作った。これを私は「企業社会」というふうに呼んでいます。日本の企業は、毎年四月になると新規の学卒を正社員として大量に一括して採用する、そして終身雇用ということで不況になってもクビを切らない。賃金は、年功制で若い頃は非常に安くて、年をへるに従って高くなってくる。

ヨーロッパでは不況になったら、若い順にどんどんクビを切られていきます。終身雇用などという慣行もありません。それから、賃金は年功賃金ではなくて、日本で言えば業績給というものですから、だいたい三〇代の後半でいちばん賃金が上がって、ブルーカラーの労働者の場合には、そのあと上げ止まってしまう。結婚をして子どもたちが増えて子どもたちの教育費がかさむころ、また親の介護が必要になってくるころ、日本では年功賃金でだんだん賃金が上がっていくのですが、ヨーロッパでは上がらない。そこで労働者は福祉国家を求めたのです。ところが日本では、年功で賃金が上がるので、それで対処しようとする。

こうして日本企業は労働者を正規従業員として囲い込んで、生涯にわたり競争させることによって、ヨーロッパやアメリカの労働者にはないような活力を生み出していったのです。労働者のクビを切らないかわりに、一生働いて昇進・昇格をくり返さないと人並みに賃金は上がっていかない。そのためには、労働組合で闘うよりは企業に忠誠を尽くしてやっていかなきゃいけない。上司の覚えをめでたくして上がっていくためにはサービス残業もいとわない。日本だけにしかない「過労死」はこうした企業社会の激しい競争が生んだものです。

こうした企業社会の成立に伴い、労働組合も、企業の業績向上に協力することによって労働者たちの生活を改善する路線をとるようになった。これが企業の安定と競争力を加速したのです。

●自民党利益誘導型政治による地方統合

二番目の柱は、自民党利益誘導型政治による地方統合です。日本では、企業の成長の恩恵にあずからない、周辺的な、地方の地場産業、農業、中小企業などについては、福祉国家政策ではなく自民党が、地方の利益誘導型政治、公共事業費を散布することによって安定させたのです。福祉国家では財政支出の最大費目は社会保障費ですが、日本の場合最も大きいのは、社会保障ではなくて公共事業投資です。なんで日本の財政は公共事業投資がダントツに大きいのかというと、税収を社会保障として投入する代わりに、公共事業投資として地方に投入して、地方の人々をそれでもって統合したからです。

きのうも北陸の高速自動車道が開通しましたけど、これは完成までに三五年かかっています。なぜ自民党の道路族が高速道路をつくりたいかというと、自分たちへの献金のためだけではなく、地方の、農業だけでは食っていけない住民に職を与えて支持を獲得するためです。高速道路をつくるのにだいたい二〇年から三〇年、新幹線を一本走らせるのに二〇年ぐらいかかる。そのあいだ、たとえば新潟県では、農業だけでは食っていけないため冬場に東京や大阪に出稼ぎに行かなければならない兼業農家やその家族が、地元で仕事を得ることができる。

田中角栄さんの選挙区は新潟三区で、田中角栄さんの後援会である越山会の会員は圧倒的に農業収入より農外収入の方が多い第二種兼業農家、つまり貧農でした。田中角栄さんは、農業だけでは食っていけなかった農民たちにまず新幹線を引いて、仕事を保証した。そのあとに高速道路を引いて、また一〇年間以上仕事を保証する。これが自民党利益誘導型政治の典型例だったわけです。

●補完的で脆弱な社会保障制度

国民統合の第三の柱は社会保障制度でしたが、これは福祉国家のそれと異なって、企業社会と利益政治統合を補完する脆弱なものでした。企業社会でも利益誘導政治でも救われずに、こぼれたところを補完するというのが日本の社会保障制度です。

ここで「補完的」という意味を少し補足しておきましょう。日本企業は高度成長期、事業の拡大に伴い大量の新規学卒を正規従業員として雇い入れ、競争構造のなかで働かせました。しかし、いうまでもなく、日本の大企業も多数の安上がりの労働力を大量に使ってもうけを確保していました。ではいったい、そうした安上がりの労働者はどうやって調達していたのでしょうか。二つの方法で調達していました。

一つは、大企業は自分のところでやるとあまりもうけのでない部品生産などを下請けに回し、下請けの安上がり労働に頼って価格を抑えることに成功しました。トヨタのような大企業は本社を豊田市に構えながら、多数の第一次下請けを抱え、第一次下請けがまた第二次下請けを抱え、第三次、第四次と下請けのピラミッド構造が出来上がっていました。この下請けの下の方に行けば行くほど、低賃金で労働時間規制もないような形で、大量の労働者やその家族が就業していたのです。これが大企業の安上がりな生産を支える土台をなしていました。

もう一つ、本社も大量の安上がりな非正規労働者を必要としました。この非正規労働者を調節することで、景気変動による生産調整を行っていたのです。正規従業員の「終身雇用」はこうした膨大な非正規を前提として成り立っていたのです。これら非正規は、「臨時工」とか「社外工」とか呼ばれていましたが、大企業はこれら大量の労働力を地方の農家から調達していたのです。彼らは、先にふれた農家の出稼ぎであったり農家の二、三男であったりしますが、低賃金と過酷な労働は、鎌田慧さんの『自動車絶望工場』が明らかにしたところです。これら労働者は、生活保護水準ぎりぎりの層であり、労働条件も悪く、不況になれば容赦なく首を切られました。

とにかく、このような形で、企業はその周辺に大量の非正規や低賃金労働者を抱えていました。彼らが低賃金に甘んじた一つの理由は、彼らが地方の農家を「故郷」としてもっていたからです。これら地方の家族が貧困ながら出稼ぎと農業で成り立ったのは、自民党利益政治がありました。このように、企業が必要とした大量の使い捨て労働者は、下請け、臨時工などの形で企業社会の周辺や地方の利益政治の機構で囲われていたのです。

社会保障は、こうした企業社会と地方統合を前提にして、貧困層をこれらの機構に面倒を見させていました。だから生活保護制度は、労働能力のある人々にはどんなに貧困でも適用を拒否したのです。その結果、生活保護制度は、生活保護基準以下やぎりぎりの人たちを大量に置き去りにしました。生活保護法の捕捉率、つまり生活保護基準以下の人々で保護を受けた人の割合が一五～二〇％程度というのはこうした貧困者を企業周辺や地方に「吸収」させた結果でした。その結果、生活保護制度は、これらに吸収されない、高齢者や疾病をもった人、一部の母子家庭に限られたのです。日本の社会保障費の安上がりは、こうした福祉のかなりの部分が、企業、地方に代替・吸収されたことによって成り立ったのです。

正規従業員は競争の代償として首切りから免れていましたから、民間企業の労働組合運動も、企業主義にからめとられるようになると、こうした非正規や貧困層の生活を自らの問題としてはとりくまないようになりました。こうして高度成長期には日本の貧困は、企業と地方の中に隠されてしまったのです。

●開発主義国家の保証した競争力と遅れた新自由主義

こうした開発主義国家は、福祉国家に比べると、企業にとって有利で、企業の競争力を強化する政治制度でした。企業社会に取り込まれた労働者の「過労死」をいとわない労働だけでなく、下請け、社会保障費の少ない財政、どれをとってもヨーロッパ福祉国家とは比べ物にならない有利な環境を企業に作りました。この競争力が日本の経済発展を支えたのです。だから、イギリス、アメリカが七〇年代末に新自由主義改革に踏み切ったのに対し、日本は新自由主義改革が遅れたのです。やる必要がなかった。ようやっと日本が、新自由主義改革の必要を自覚するようになったのは、九〇年代に入ってグローバルな競争に直面してからでした。それまではアメリカとかイギリスの企業と競争しても、日本の企業は連戦連勝だった。「ジャパン・アズ・ナンバーワン」です。

ところが、冷戦が終焉し中国やインドの企業と競争するようになると、とてもじゃないけど勝てない、ということで、日本でも遅ればせながら新自由主義改革が始まったのが九〇年代の中葉です。ちょうどイギリスが、七三年のオイルショック不況が克服できないということでサッチャーが登場したのと同じように、日本では九〇年代初頭のバブル崩壊後の不況が、なにをやっても克服できない。これは、日本の企業の競争力がグローバル競争の中で低下した結果だという判断から、財界がいっせいに構造改革ということを言い出すのが九三年以降です。

●ジグザグを余儀なくされた新自由主義改革

ところが、日本の新自由主義は、遅れて始まったのになかなか進まなかった。これがもう一つの特徴です。イギリスのサッチャー、アメリカのレーガン政権の場合には、労働運動を攻撃して福祉国家を再編することに全力を尽くしたのに対し、日本では、民間大企業労働組合はもともと企業に協力していました。ところが日本の新自由主義には別の「敵」がいたのです。それはほかでもなく自民党利益政治そのものでした。利益誘導型政治の自民党が、農業や弱小産業保護を切り捨てる新自由主義改革にいちばん大きく抵抗したのです。彼らにとっては、地方の利益政治こそ、当選の基盤だったからです。日本では大企業の意を受けて構造改革を推進する担い手は自民党政権でしたが、その自民党は構造改革によって自らの手足を切り捨てることを強いられたのです。

橋本内閣が行った「六大改革」は、日本で初の本格的な構造改革でしたが、このジレンマがもろに現れたのです。商店を保護していた大規模店舗法を廃止して、自営業者を大手スーパーとかコンビニとの競争に巻き込む。ウルグアイラウンドの農産物自由化を認めて、コメの自由化を認める。公共事業投資を削減する。医療構造改革で治療費自己負担を二割に引き上げる。消費税を上げる。このように、橋本構造改革は財界の要求通りの新自由主義を遂行しましたが、その結果、橋本自民党は、国民から批判をこうむったばかりか、農家や自営業層といった自民党自身の支持基盤も離反して、九八年の参議院選挙で大敗を余儀なくされたのです。去年（二〇〇七年）の参議院選挙も同じことがもっと大規模に起きたのですが、それは後述します。こうして日本では、構造改革が遅れて始まっただけでなくて、ジグザグの道をとらざるをえなくなったのです。

橋本政権のあとの小渕・森政権は、財政支出削減をストップさせ、自民党支持基盤を再建するために湯水のような公共事業投資をやった。その結果、七〇〇兆円の財政赤字になってしまった。これはまったく財界が考えている新自由主義と逆です。七〇〇兆円の赤字は、最終的には法人税と所得税で面倒みなければいけない。しかし財界としては自民党政権が倒れて、民主党政権や共産、社民との連合政権ができたら構造改革どころではなくなりますから認めざるをえなかった。

注目すべきことは、この参院選の後から、財界は、構造改革を推進するには自民党一党政権は不都合で、民主党を育成し、保守二大政党制の構築が不可欠だと自覚するに至ったことです。ここから保守二大政党制への努力が始まります。その財界の鬱積した不満が一気に解消したのが、小泉政権でした。

3　小泉・安倍政権の「構造改革」政治は何をしたのか？

小泉改革は、競争力をつけるために大胆な構造改革をやった。日本社会の安定を支えた三つの柱――企業社会、自民党利益誘導型政治、社会保障――を切り捨てにかかったのです。その結果、日本では企業競争力の回復がおこるとともに、ヨーロッパやアメリカにないような社会統合の破綻が生まれたのです。

●企業社会の解体・再編の促進

小泉政権は、まず、企業社会の解体を政治によって促進した。正規従業員を抱え込んで競争させるという日本の企業社会は、九〇年代のグローバル競争の中で、逆に、日本の企業の競争力の桎梏と化していました。なぜかというと、企業の正規従業員を三〇年、四〇年競争させる体制というのは、鉄なら鉄、自動車なら自動車をつくっていくうえではものすごい競争力を発揮したのですけど、世界の競争の中で次々に生産を転換していかなければならなくなるときには、効率が悪くなってきた。賃金という点だけとっても、年功賃金は、中国の三二分の一の賃金と競争するのだと、いくら日本の労働者がサービス残業しても勝負にならない。安い賃金で働けるような単純作業は、どんどん海外に展開したほうがいい。また正規従業員を絞り込んで柔軟な非正規に変えたいという要求も強まった。

ところが日本企業は、不況になってもクビを切りませんということで、大量の正規従業員を抱え込んで競争にかりたててきた。おまけに、これら労働力がどんどん中高年化していくわけです。こうなると若年労働力主体のときには安上がりだった年功賃金は逆に桎梏となり、どんどん賃金も上がっていく。

もうこれでは勝負にならないということで、一九九五年に日経連が、「新時代の日本的経営」という報告書を出した。これは企業社会の転換を宣言した「画期的」報告書なのですが、そこでは、正規従業員を三つの類型に分割する方針を打ち出した。第一は、「長期蓄積能力活用型」、エリートですね。この人たちは大卒で採って、終身雇用で徹底して競争させる。第二は、コンピューターのソフトとか、会社の中でスタッフとして抱え込んでいたような技能労働者部分で「高度専門能力活用型」。これは、派遣に回す。それから第三は「雇用柔軟型」。今までは正規従業員のブルーカラーでやっていた部分の大半は、自由にクビを切れるような非正規に替えるというものです。正規労働者のスリム化、まさしく企業社会の解体宣言でした。ところが、さっき言ったように、企業社会は、〝みんなクビ切らないよ〟ということでやっていたので、なかなかできなかった。

●正規の非正規への置き換え

小泉政権は政治でもって介入し解体を促進した。労働者派遣法を改正して、それまで派遣を厳しく限定していたのを、九九年、ネガティブリスト化して、派遣を労働現場で事実上解禁しました。さらに、二〇〇三年には製造業にも派遣を認めますよということで、正規従業員の非正規への置き換えを加速化させたのです。日本では、企業がやる、政治がやるときめれば、労働組合の抵抗は小さいので、嵐のようなリストラと非正規への置き換えが進みました。

一九九八年から二〇〇六年までで非正規が四九〇万人増え、正規が四五〇万人減った。五〇〇〇万人近くの労働者が一気に入れ替わってしまった。戦時でもないのに、これだけ大量の労働者が移動することは普通では考えられないことでした。これだけの凶暴な改革をやったのが小泉改革の第一でした。その結果、企業の競争力は一気に回復するとともに、非正規問題が一気に登場した。先に見たように、それまでは日本には非正規は社会の内に隠されていた。それが一気に企業の本体に非正規が登場したというのが第一です。

●三位一体改革による地方利益誘導政治の縮小

小泉政権は、企業の枠にくみ込まれない周辺部分を統合していた自民党利益誘導型政治も切り捨てた。小泉さんが登場したときに「自民党をぶっ壊す」と言った。あれは嘘ではなかったわけです。構造改革の「敵」は自民党の利益誘導型政治で、弱小産業、地場産業、農業を保護するようなシステムを切らなければグローバル企業本位の新自由主義はできないという決意がこのスローガンには込められていたのです。

自民党利益誘導型政治が桎梏となったのは、二つの理由からでした。

一つは、財政の肥大化です。自民党利益誘導型政治の中心は補助金、公共事業投資です。先ほど言ったように、ヨーロッパやアメリカの福祉国家と違って、日本の場合の財政支出の最大は公共事業投資です。行政投資でみると、だいたい五〇兆が公共事業投資、二〇兆が社会保障支出と言われています。このカネが地方にばらまかれている。これを切らなければ、法人税を安くすることはできない。

桎梏となったもう一つの理由は、この五〇兆をばらまいているために、本来であれば淘汰されていなくなっているはずの農家や自営業がまだ残って、日本の産業の非効率部分の源となっているからです。例えば日本の農家は今どんどん減っていて日本の食料生産の危機が深刻化していますが、財界にとってみると農家の淘汰の遅さも腹立たしい。それらは全部輸入で置き換えればいいじゃないか。地方の地場産業や自営業層というのを大量に抱えているのが日本の競争力の最大の足かせだ。財界は、以上の二つを「二重の非効率」と呼んで、その改革を求めたのです。

小泉政権は、それに応えて、思い切って利益誘導型政治を縮小した。これが三位一体改革です。この改革は、地方に配分されてきた国庫補助金と負担金を削減する。地方の平等のための交付税交付金を削減する。そのかわり自主財源をつけるというものです。これを「地方分権」「地方の自立」という名目でやった。「分権」や「自治」というのも新自由主義的な改革のスローガンですね。マスコミは、「分権」という言葉につられて結構これはいいことだと思っているようですが、とんでもないことです。

小泉さんが経済財政諮問会議を使ってやったことは、話をわかりやすくするためにたとえの数字を使うと、国庫補助金一〇兆を切り捨てる。交付税交付金一〇兆も切り捨てる。かわりに自主財源を一五兆つける。だから、全体としてはマイナス五兆円だけど、自主財源一五兆は何に使ってもいいというのが「三位一体」改革のコンセプトです。今までは、補助金でもって開発を誘導して、交付税交付金でもって面倒をみてきた。ところが、三位一体改革でこれをぶった切ったわけです。地方の財政は一気に苦しくなった。新自由主義で潤っている東京をのぞいて、地方全体が危機に陥ったのです。そうしたら日本の都道府県の中で、大規模府県である大阪ですら困る。夕張の破綻はその象徴でした。

残りの一五兆でもってどうやるかということを地方は考えなさい、と。福祉を切り捨てるのか、公共事業投資を切り捨てるのか、教育を切り捨てるのか。それはあんたたちの自由だよ、というのがこの二番目の改革です。

●社会保障構造改革によるセーフティネットの破壊

三番目は、もともと脆弱で補完的だった社会保障を、財政を削減するためにさらに切り捨てたことです。年金とか医療とか介護とか生活保護の各領域で、構造改革の名による切り捨てを敢行した。改革の典型が、実はいま大きな問題になっている後期高齢者医療制度なのですが、時間の関係でこれは省略させていただきます。

先ほどいったように、企業リストラで非正規が五〇〇万増えた。それから地方の利益誘導型政治が止まったために、中小地場産業の大量の失業と倒産が起こった。その結果は全部社会保障で面倒をみなきゃいけないのに、社会保障のセーフティネットを切り捨てた。これをやったらどうなるでしょうか？　企業から排出された労働者が地方の家族の下に帰ろうと思っても、地方でも職はない。地方で失業、倒産をしたり、農業をやったり、貧困に陥っている人たちが社会保障に頼ろうとしても、生活保護の適正化はじめ社会保障もリストラされた。この三つの切り捨てが合流した結果、日本の構造改革の矛盾が一気に噴出したのです。

4　構造改革政治の二つの帰結——日本の新自由主義の特殊性・その2

ではいったい小泉政権が強行した改革の結果、何が起こったのでしょうか。日本の新自由主義の矛盾は、これまた日本独特の二つの形で噴出しました。

●新自由主義が生み出す貧困と格差

一つは、日本では社会統合の劇的な破綻という形で、この格差と貧困の問題が顕在化したことです。ヨーロッパでも、新自由主義改革の結果、格差と貧困が増大しています。アメリカでも、新自由主義の強行により、ちょうど一九世紀のイギリスでディズレイリーが言ったのと同じ「二つの国民」への分裂がいわれています。新自由主義アメリカの貧困は詳しく述べる余裕はありません。堤未果さんの『貧困大国アメリカ』（岩波新書）などで描かれている通りです。

中国でも、新自由主義的手法を駆使した成長政策の下で、一三億の国民のうちの九億の農民が貧困に陥っている。中国の四川大地震というのは、中国の研究者も、あれは中国における格差と貧困の問題だと断定しています。日本では「裏日本」と「表日本」という格差がありました。自民党利益政治は、表日本で稼いだお金を裏日本に費やして自民党政治の安定を図った。同じ格差が、中国では東中国と西中国の分断という形で現れています。四割の人口を抱える東部が、中国の成長、生産力の九割を占めている。それに対して貧困な西側。四川とかチベットも西側に入っています。この地域の貧困と格差はもともと大きな問題だった。西側への社会資本投資も住宅や福祉も非常に貧困だった。ここが大地震に直撃されたのです。

中国共産党政権は盛んに四川大地震のことを大きな国民的な課題だと問題にしていますけど、四川の大地震でこの貧困と格差が一気に顕在化したといえます。

このように新自由主義による貧困と格差は、世界は共通しています。

●自殺・犯罪の増加や貯蓄率の低下

しかし、日本の場合には貧困と格差が独特の形で現れていることが注目されます。貧困は通例、生活保護世帯の増加、貧困世帯数の増加などで現れます。後藤道夫さんによると、日本でも貧困世帯がこの五年間に九〇〇万から一一九二万世帯へと、一気にほぼ二〇〇万世帯も増えています（後藤道夫ほか『格差社会とたたかう』青木書店）。非正規労働者の増加、正規労働者の賃金水準低下もおこっています。しかし日本ではそれだけでなく、ホームレスやネットカフェ難民の増加、餓死者の発生、自殺者の増加、犯罪発生件数の増加、貯蓄なし世帯の増加などの形をとって現れて、しかもそれが小泉政権の五年半に集中するという劇的な形で現れているのが特徴です。

自殺者が一九九九年に三万人を超えました。交通事故死者の三倍以上です。そして二〇〇三年には三万四千人で史上最高になった。そのうちの二万人は五〇代以上の男性です。この背後には明らかに失業とリストラ、倒産の問題があります。JR中央線というのは人身事故が多いのですが、かなりの部分が自殺です。自分に掛けた保険で、自殺によって企業や家族の面倒をみてもらう。だから日本生命をはじめ保険会社がいっせいに、〝自殺による保険の負担には応じられない〟といって裁判を起こしましたが、生命保険会社は裁判で負け、保険金を支払いなさいという判決が出ています。

ホームレスや、日雇い派遣、「ネットカフェ難民」の増加もきわめて日本に特徴的な貧困の顕在化です。さらに衝撃的なことに、北九州市で生活保護申請を受理してもらえず、あるいは辞退を強要された人が三名もあいついで餓死し、また自殺に追い込まれた事件が起こっています。貧困が生活保護の増加という形をとらずに、こうした形で顕在化するのも、日本の新自由主義の結果だと思われます。

それから、家族の解体とか犯罪の増大という形でも矛盾が現れています。

犯罪は、日本社会の安定とか社会統合と密接に結びついています。日本に来た留学生が必ず言うのは、日本は安全だということです。私の大学は東京都国立市にありますが、夜中の二時、三時に歩いても平気だ。イギリスでも、アメリカでも、イタリアでも、そんなことはないと言う。とくに女性たちは必ず言います。その背後には日本の犯罪発生率の低さがありました。日本の企業社会統合と利益誘導型政治が日本の社会の無類の安定を誇った、とくに失業率の低さがそれを支えていたと思います。

世界で新自由主義が始まった七六年を一〇〇としてそれから一〇年間の犯罪件数を見ると、フランス、イギリス、アメリカ、ドイツ、全部犯罪発生率が上がっています。ところが企業社会の全盛期にあった日本では犯罪率が上がっていません。しかも起点となる七六年の時点で、日本の犯罪発生率は他の先進国に比べて極めて低かったことをみると、その犯罪率の低さは明らかでした。企業社会統合の安定を示していました。

ところが、ずっと横ばいだった日本の犯罪率が、九〇年代の末から上がりはじめました。しかも、強盗、暴行、傷害、脅迫などが、九九年あたりからガンと上がった。構造改革が本格化したこの五年間で一気にこれらの犯罪率が上がったのです。日本の犯罪検挙率もそれまで世界最高だったのですが、八割を超えていた検挙率が五割前後まで落ち込んで、先進国で最低水準になってしまった。しかも、もっと注目されるのは、その犯罪の内容です。介護に疲れた親殺しとか、配偶者殺し、子供への虐待、さらに無差別殺人――こうした犯罪の背後にはリストラ、貧困、家族の解体などがあります。日本では構造改革の所産が、こういう形で劇的に現れざるをえなかったということです。

日本の貯蓄率が一気に下がっていることも構造改革の結果として注目されます。日本は世界の中でダントツの貯蓄国家です。アメリカ、あるいはヨーロッパの福祉国家と比べても、顕著な特徴です。それは国民性だ、などと言っている人もいますけど、私は、社会保障が脆弱なため、企業社会でもらった賃金を貯蓄して老後に備えるという、補完的社会保障制度の結果だと思います。ところが新自由主義改革の中で、この日本で、なんと貯金を一銭も持たない人たちがこの五年間に増えて二五%、四人に一人になってしまったのです。

どうして貧困と格差の問題が、ホームレス、ネットカフェ難民、自殺や犯罪、餓死という形で現れるのかということが問題です。企業社会と地方利益誘導型政治という形でカバーしていたものが、そこから排出され、社会保障が切り捨てられてセーフティネットがボロボロになった結果、矛盾が最も悲惨な形で現れざるをえないということが日本では非常に重要です。貧困問題に取り組んでいる湯浅誠さんがいう「すべり台社会」の結果（湯浅誠『反貧困』岩波新書、ほか）といってもよいと思います。

こうして見ると、日本の構造改革の結果が、社会の劇的な破綻という形で現れたことがわかります。しかもこれらの現象が一九九〇年代の末、一九九九年から二〇〇五年にかけて集中して起こっている。冒頭で触れた、『朝日新聞』の「分裂にっぽん」も『毎日新聞』も、NHKの『ワーキングプア』も、すべて二〇〇六年からこの問題に注目したのは、この前後に社会問題が噴出したからであることがわかります。

5　参院選でなぜ安倍自民党はなぜ大敗したのか？

日本の新自由主義の矛盾のもう一つの顕在化は、それが地方の疲弊と財政破綻という形で噴出していることです。それが現れたのが二〇〇七年の参院選の結果ですので、ここで参院選の結果を検討したいと思います。私は、参議院選挙における自民党の大敗の要因は、大きく言って三つあったと思っています。

●構造改革に対する地方の怒り

第一の要因は、自民党政治を支えていた地方の利益誘導型政治を小泉構造改革、三位一体の改革がぶった切り公共事業投資を削減したことです。その結果、地方の一人区で自民党は六勝二三敗という大敗を喫しました。表1は、自民党・民主党の比例得票について、二〇〇四年の参議院選挙と今回の二〇〇七年の参議院選挙を比較したものですが、自民党は負けた、負けたと言っていますけれど、全国の得票率で見ると、わずか一・九ポイントしか減らしていません。ところが地方の一人区では、ほとんどのところで全国平均をはるかに超えて自民党は票を減らしています。

表1で太字の県は、自民党の得票率が全国平均をはるかに上回って減っているところですが、東北と、北陸と、中国と、四国四県と南九州、すべてこれまで自民党の「金城湯池」と言われてきた地域です。島根とか徳島とか熊本とか佐賀、宮崎などは、負けたことがなかった。こういうところで圧倒的な得票減が起こった。つまり、参議院選挙で自民党が負けた最大の要因は、地方で進められた構造改革に対する怒りが出た。自民党離れが起こった結果です。

ここで注目しておきたいのは、こうした地方における自民党の得票減は、何も今回初めて出たわけではなく、

表１　地方の自民党・民主党比例得票率の推移
(04年・07年参議院選挙の比較)

%

	自民党			民主党			国民新党
	04年	07年	増減	04年	07年	増減	07年
全国	30.0	28.1	－1.9	37.8	39.5	1.7	—
青森	33.8	33.3	－0.5	39.9	○ 38.8	－1.1	4.8
秋田	37.4	36.5	－0.9	33.3	○ 34.6	1.3	2.1
山形	37.3	33.5	－3.8	35.5	○ 39.6	4.1	1.6
福島	36.8	29.0	－7.8	35.0	○ 44.5	9.5	2.7
富山	42.3	35.3	－7.0	31.0	○ 31.2	0.2	7.7
石川	41.5	38.9	－2.6	34.1	○ 39.0	4.9	2.3
福井	43.9	○ 38.7	－5.2	33.7	38.0	4.3	2.5
鳥取	33.1	31.1	－2.0	32.3	○ 36.2	3.9	2.0
島根	42.0	38.7	－3.3	29.6	38.4	8.8	○ 6.3
徳島	37.9	29.1	－8.8	30.8	○ 41.7	10.9	1.9
香川	37.7	32.3	－5.4	31.9	○ 35.7	3.8	1.6
愛媛	33.6	32.2	－1.4	34.4	○ 36.8	2.4	2.3
高知	30.6	25.9	－4.7	30.5	○ 38.0	7.5	1.7
熊本	41.8	32.7	－9.1	32.3	○ 38.8	6.5	2.1
佐賀	39.1	35.7	－3.4	32.5	○ 36.0	3.5	1.8
宮崎	36.8	34.3	－2.5	23.9	○ 30.9	7.0	1.5

注）○は07年参院選で一人区における当選者の出た政党

表２　大都市部における自民党・民主党比例得票率の推移
(04年・07年参議院選挙の比較)

%

	自民党			民主党		
	04年	07年	増減	04年	07年	増減
全国	30.0	28.1	－1.9	37.8	39.5	1.7
東京	26.5	26.1	－0.4	38.9	38.9	0.0
神奈川	27.8	26.8	－1.0	39.5	41.1	1.6
千葉	29.3	27.8	－1.5	38.7	41.2	2.5
埼玉	27.2	26.4	－0.8	40.2	40.0	－0.2
愛知	25.1	24.5	－0.6	44.5	45.0	0.5
大阪	24.5	23.1	－1.4	35.4	34.2	－1.2
兵庫	24.9	23.9	－1.0	39.1	40.4	1.3

小泉政権の構造改革が始まって以来、ずっと続いていたという点です。二〇〇五年の九・一一の衆議院選挙で自民党は大勝しましたが、あのときも実は島根とか鳥取では減らしている。にもかかわらず、それまでの選挙では参議院選挙でも衆議院選挙でも、自民党は議席を落としていなかった。なぜかというと、民主党が一緒に減っていた、あるいは民主党のほうがもっと減っていたからです。ところが、今回自民党が大敗北したのは、自民党が減っただけなくて、民主党が著増したからです。この点は三番目の理由でふれます。

●タカ派路線に対する都市部の反発

二番目の要因として重要なのは、大都市部では安倍政権の改憲・タカ派志向が市民の反発を招いたことです。実は大都市部、とくに東京では地方と違って構造改革の怒りは自民党票の減少には結びついていません。

表2は、大都市部について二〇〇四年参議院選挙と二〇〇七年参議院選挙を比較したものですが、全国平均で自民党は一・九ポイント減っているにもかかわらず、東京は〇・四ポイントしか減ってない。民主党はぜんぜん増えてない。神奈川でもそうですし、大阪などに至っては自民党票は一・四ポイント減ってますが、民主も一・二ポイント減っている。つまり、大都市部は地方とはまったく違った票の動き方をしています。東京がいちばん特徴的です。

東京では、構造改革で痛みをいちばん受けた大田、品川、江戸川、江東、葛飾などでは利益誘導型政治をやっていた自民党の保坂三蔵票というのは減っていません。公明党票も減ってない。どうしてでしょうか。

東京の政治動向は、大きく言って四つのブロックで考えることができます。東京二三区の下町、これは構造改革の痛みをいちばん受けた、中小、地場産業や自営業層が集積し、貧困層も多い、足立とか江戸川とか葛飾とか江東とかです。これを第一ブロックとしましょう。それに対して、文京とか豊島とか練馬とか東京二三区の山の手、これが第二ブロックです。比較的大企業のサラリーマン層と中間管理職層と公務員層が占めている。それから国立とか武蔵野とか保谷とか、多摩の東部が第三ブロックです。ここもだいたい大企業の正規従業員層の住宅地です。つまり第二ブロックと第三ブロックが、比較的中間層と高所得者層が住んでいる地域です。多摩の西部が第四ブロックで、ここは地方の政治と同じ、自民党の利益誘導型政治に依存している地域ですね。この四つのうちどこで今回民主党が増えているかというと、第二ブロックの東京山の手と第三ブロックの多摩の東部なんです。これは都知事選のときに、石原都知事が相対的に勝てなかった部分とピタリと一致しています。そうしてみると、安倍さんの改憲・タカ派路線に対する市民層の反発の現れとみることができます。

ではなぜ構造改革の怒りが東京では現れなかったのでしょうか。三位一体の改革では、補助金、交付税交付金を削減して、自主財源の配分を増やしました。その結果、日本の構造改革の中で最も富裕になったのが東京なんです。東京は、もともと交付税交付金をもらっていなかった。グローバル企業の本社があるのは全部東京です。法人税などによる自主財源でガッポガッポと儲かるのは東京なんです。なんと東京は今年度四〇〇〇億の税収黒字でした。大阪と比べてもなんでこんなに違うのかというと、大阪と東京では大企業、グローバル企業の本社の集積度がまったく違うからです。全部東京に集まっている。だから東京は、たとえば石原知事が、破綻に瀕《ひん》した新銀行東京に四〇〇億の無駄金を使っても「平気」なんです。大阪でもし同じことをやったら、知事は一日ももたない。ところがなぜ東京でもつかというと、東京が多国籍企業の中枢都市だからなんです。

だから、東京は、たとえば、後期高齢者医療でも低所得者層に対する補填ができる。夕張や地方ではとてもできない。だから東京ではまだ構造改革の怒りが自民党や石原都政に向かわず、逆に自民党の力で財政出動を期待するように動いているのです。ズレが起こっているのです。

また、東京は地方と違い、新自由主義の結果が貧困化一本やりではありません。二極化という形をとっています。東京では、一方では非正規労働者が大量に増えて、貧困層、ホームレス、日雇い派遣などが増えているけれども、同時に所得一〇分位の最上位層である六本木ヒルズ族も大量に生まれている。これは、日本では東京だけです。だいたいこれが三〇〇万人いると言われています。一四〇〇〇万人ぐらいの人口のうち、一方では富裕層が形成され、他方貧困層が堆積している。これが東京です。

●民主党の変貌

自民党大敗の三番目の要因は、民主党の豹変です。民主党は今まで構造改革を競う党でした。九八年以来、財界もそうした民主党を育成してきた。ところが今回、小沢民主党は、反構造改革政党へ急変した。まったく選挙目当てでやったと思いますけれども、非常にドラスティックに転換した。〇七年の民主党の政策を見ると、それまでの民主党の政策とは大きく趣を異にしています。

民主党は、今まで地方に対しては自民党と構造改革を競っていた。鳩山由紀夫さんの時代、岡田さんの時代、前原さんの時代に強調していたのは、自民党では地方に対する利益誘導政治のしがらみにとりつかれて構造改革をできないという議論でした。利益誘導型政治を切れない、というのが自民党批判。ところが小沢さんはまったく逆に、福祉国家的な政策を前面に出した。

民主党の農業政策のなかで強調された農家戸別所得補償制度は、市場価格と生産価格の差額を現金で埋めるということです。これは自民党の農家政策と決定的に違う。自民党の農家政策は、新自由主義的な農業政策として、グローバル競争で勝ち残る展望のある上層農家だけに補助金を与えるというふうに大きく転換しましたが、小沢民主党はすべての農家を対象に農家戸別所得補償を謳った。この現金所得の補償は自民党農政でもかつて避けてきた政策です。ドイツとかフランスで一九五〇年代の後半期に福祉国家政策としてやったものです。これだけでは、農業を再建することはできない。だけど農家が息をつくことができる。これを農業再建の第一歩にするという方針は、私は非常に重要な政策だと思うのですが、こうした方針を前面にたてて小沢民主党が地方で圧勝した。今までの選挙と違い、自民党票の減少を民主党が吸収して大勝したのです。ほかにも民主党は、子ども手当とか教育費の拡充とか、明らかに福祉国家的な政策を表明しています。

6　ポスト安倍政権における構造改革政治の手直し

こうした社会破綻、地方疲弊、参院選における大敗を受けて、安倍政権は崩壊し、日本の新自由主義は重大な困難に直面しました。それでは福田政権は構造改革をどう手直ししようとしているのか、その点を検討しましょう。

いま分析したように、参議院選挙における自民党の大敗が、地方構造改革の所産であるということは非常にはっきりしました。したがって福田政権は構造改革をこのまま強行することはできなくなった。しかし、財界からの構造改革をさらに推進・完成しろという圧力は非常に強い。一方、本日の報告では省略しましたが、安倍政権がもう一つやった改憲問題についても、強行することはできなくなった。しかし、こちらもアメリカと財界の圧力が非常に強いのでやらざるをえない。ここに福田政権の非常に大きな苦悩があります。それでは、いま福田政権はこの構造改革問題でどう対処しようとしているのでしょうか。

●後期高齢者医療制度をめぐる問題

まず後期高齢者医療制度についての方針ではっきり示されたように、制度は強行するが、カネで決着がつくところは全部出す、というのが福田政権の基本的な路線です。たとえば七〇歳から七四歳までの前期高齢者に対する負担の一割から二割への引き上げについては、批判を受けて凍結する。後期高齢者の中でいちばん大きな問題となっていた、被扶養者の保険料については半年間ゼロにする。残りの半年間も、九割を政府が負担することを検討する。それから低所得者層に対する保険料については、助成措置をとる。とにかく衆議院選挙までは、おカネで面倒をみきれる保険料問題などについては全部面倒みましょうというのが基本です。介護保険も同じようにやって、スタートしてしまえばこっちのものだ、というのがだいたい福田政権の路線だったのですが、これが非常に甘かったということが明らかとなりました。

二〇〇八年四月の制度実施の直後から、大きな反対運動が起こった。それを受けて、マスコミも後期高齢者医療制度を構造改革の問題として取り上げ批判するようになった。『文藝春秋』など保守的ジャーナリズムですら、新自由主義の一環として後期高齢者医療制度を扱ったのです。まだマスコミは、後期高齢者医療制度について全体としては保険料問題に集中していますが、しかし後期高齢者問題を掘り下げるにしたがって、医療費を総額で抑制するという本質的問題点にまでだんだんたどり着いてきつつあります。こうなると保険料はオカネで面倒みますよ、というだけではなかなか問題が解決しなくなってきているという状況です。

●構造改革派内の対立

そこでぜひ注目しておきたいのは、実はいま自民党や民主党の構造改革派の中で、構造改革の路線をめぐって、二つの潮流が現れて、大きな議論と対立を生んでいるということです。社会破綻と地方の財政破綻という形で日本の構造改革の矛盾が顕在化したために、保守の政治家もそれに対応せざるをえなくなっている。そうしないと今後の構造改革は続けていけない。民主党が政権をとっても同じ困難に直面するという問題が起こってきた。では、どういう支配層内部の対立が起こっているのでしょうか。

新聞をはじめ、マスコミもこれに注目していますが、もっぱらこれをポスト福田をめぐる政局問題として扱っている点は間違いです。ここには将来は民主党も巻き込む深刻な対立があるからです。

一つの大きな潮流は、竹中―小泉以来の潮流で、今の構造改革の急進的な実行路線を続けグローバル企業の競争力を回復することによって、最後は経済のパイが大きくなることによってすべてを処理する。格差は是正されないけれども、全体として底上げされることによって日本の貧困・格差問題は、社会問題から引退する。こういう急進的構造改革路線です。

つまり、構造改革をもっと進めるためには企業の負担に結びつくような構造改革に対する手当ては絶対にしてはならないという意見です。この路線をはっきりとうち出しているのが、中川秀直さんの『官僚国家の崩壊』（講談社）です。彼は、基本的な政策路線を竹中さんから受け継いで、小泉さんがこれを支持しているということを背景に、福田内閣に実行を迫っています。この人たちが言うのは、消費税引き上げ反対で、構造改革続行ですね。官僚国家を切り捨てればできるんだと。簡単に言えば、規制緩和や社会保障切り捨てなどに抵抗している官僚勢力を打破すれば、構造改革をもっと徹底できるんだということです。

それに対してもう一つの有力な反対潮流が登場しています。これ以上社会保障、地方の利益誘導型政治を切ったら、もう自民党はもたない。この点で、構造改革の矛盾について、より敏感な人々が別のグループを形成しています。より現場に近い人々がこういう意見を持っている。これを代表しているのが与謝野馨さんです。与謝野さんの『堂々たる政治』（新潮新書）という本は、こうした路線をはっきりと打ち出している。私はそれを「新・漸進派」というふうに呼んでおきたいと思うのですが、新・漸進派は、構造改革の所産に対する手当てをしなきゃいけない、ただしその場合には財源が必要だ、法人税を上げるわけにはいかない、では消費税だ、という形で対処しようとしています。

マスコミは消費税問題だけに焦点を合わせているが、そうじゃない。やっぱり構造改革に対してちゃんと手当てをしなきゃいけないのか、もっと乱暴にこの構造改革を徹底するかの対立こそ重要です。これは世界市場の動向とも絡んでいます。新自由主義急進路線は、アメリカ市場と中国市場の成長に依拠しなければ実行できない。なぜなら、構造改革で徹底して国内市場を縮小したのですから、競争力を強めた企業は、市場を世界に求めざるを得ないからです。しかし、ほかならぬアメリカと中国でいま同じ貧困と格差問題が出ているし、サブプライム・ローン問題を契機に景気の低迷があらわになっている今、とうていこのまま成長が続くとは思われない。そこで、構造改革の手直しをして国内市場も立て直さなければもうこれ以上改革を続行できない、という新・漸進派の意見が非常に大きくなっていて、福田政権は股裂き状態になりつつ、明らかに後者に傾斜しようとしている。社会保障国民会議は、まさに構造改革の手直しのかわりとして消費税引き上げを構想しています。

民主党も、構造改革をめぐる、この二つの対立の外にいるわけではありません。民主党は、二〇〇七年の参院選で路線を転換し、反構造改革のポーズを前面に出して大勝しました。しかし、その民主党も財界の強い圧力の下、政権をとったら、再び構造改革に戻ろうとしています。衆院選までは、反構造改革の旗は降ろせませんが、選挙後は、新・漸進派の路線に再転換することが予想されます。

●構造改革と「大連立」

また、二〇〇七年一一月に突如浮上し、その後もくすぶっている自民・民主の「大連立」問題は、実はこの問題と絡んでいます。自民党であっても、民主党であっても、一党政権では消費税をやったら必ずつぶれる。しかし、構造改革を、手当てをしながらこれ以上進めるためにも消費税率の問題は避けて通れない。さらには改憲問題も含めて、大連立という問題が出てきています。ですから、大連立は決して政局問題ではなくて、実は構造改革推進問題だというふうに理解しないと、なぜあのような問題が絶えず浮かび上がってくるのか、政界再編がなぜ浮かび上がってくるのか理解できない。構造改革の問題は一党ではなかなかできないという問題なんです。

6　新自由主義にどうしたら歯止めをかけられるか?

では最後に、私たちは新自由主義にどう対処したらよいのでしょうか。構造改革に対しては、私は、対抗する、新しい福祉国家型の政治ビジョンというものをつくらなければならないと思います。企業のリストラに対して労働者の権利をきちんと確保するためには、労働市場の社会的な整備や規制というものが必要ですし、穴の空いた社会保障制度については、きちんとした普遍主義的な社会保障制度を再建する必要があります。また、なんといっても重要なのは、農業や漁業や地場産業を保護し再建するという方策です。

ここで強調しておきたいのは、こうした新自由主義の停止、新しい福祉国家戦略は一国では難しいということです。グローバル競争の下で新自由主義は世界的に展開していますから、日本だけが新自由主義改革を是正して新しい福祉国家の制度を実現することは、おそらくできないと思います。そんなことをすれば、日本企業は、競争力が落ちてしまうのを嫌ってあらゆる抵抗をするだけでなく、外国への逃避も辞さないでしょう。

この新自由主義を転換するという選択肢を構想するには、新自由主義的な改革を行っていないで福祉国家を維持している国がどうして成り立っているのかということを見ることが参考になります。たとえばスウェーデンは、はるかに日本よりも新自由主義の改革が遅れています。なぜそれが成り立つかというと、ＥＵという市場圏があることが大きい。つまり、地域的に一つの経済圏をつくって、そのなかで賃金、労働市場、地場産業保護や規制を共通化しグローバル企業にもそのルールで振る舞うよう強制すればよいのです。

国内市場中心だったときには、ホンダと日産とトヨタが同じルールで競争していましたから、法人税率は五〇％でもよかったわけですね。グローバル企業の競争の中で、五〇％の国と四〇％の国と三〇％の国になったから困るわけです。だから東アジアの経済圏をつくって、中国と日本と韓国がリーダーシップを握りながら、ベトナムや東南アジアを含めて、共通して法人税を五〇％に引き上げる、あるいは労賃を規制して賃金を少しずつ引き上げる、それから環境規制についても共通ルールをつくっていくというなかで初めて、企業の同意も得ながら新自由主義改革を是正することができる。

そうなってくると、実は日本の新自由主義を改革していくには、やはり東アジアレベルにおける地域経済圏づくりというものがどうしても必要だし、それには中国との協調体制を抜きにしては考えられない。中国との間にある従軍慰安婦問題とか戦争責任という歴史問題をまず解決する必要があるし、それに加えて中国の格差と貧困問題、中国の農業問題、こういう問題の決着をつけないとなかなか事態は打開できない、と思います。

しかし、二〇〇〇年代に入り、一九七〇年代末から始まった新自由主義の時代に、今ようやく大きな転機がやってきているように見えます。新自由主義をいち早く取り入れたラテンアメリカ諸国で今や次々に反新自由主義の政権が生まれ、今一二ヵ国中九ヵ国に及んでいます。これらラテンアメリカ諸国も共通の経済圏を模索しつつあります。日本をはじめ、EU諸国でも新自由主義への反対の運動が起こっています。日本の新自由主義をめぐる動きも、大きくはこうした歴史的流れのなかでとらえる必要があります。

おわりに――ジャーナリズムへの期待と注文

最後に、こうした構造改革と貧困問題に関連して、改めてジャーナリズムやジャーナリストの役割について、私が期待あるいは、注目している点を三つだけ指摘して私の話を終わりたいと思います。

第一は、きょうの話で最初にお話ししたことに関係があります。構造改革問題が遅ればせながら二〇〇六年に一気にマスコミに登場した。NHKが『ワーキングプア』で、また『朝日新聞』が「分裂にっぽん」で大きな調査報道をし、日本テレビの『ネットカフェ難民』の放映へと続いていきました。NHKの『クローズアップ現代』などでも系統的に、格差と貧困問題がやられるようになった。

このように、われわれの社会の問題を顕在化してその実態を国民に知らせ、またその改革の方策を考えていくうえで、マスコミやジャーナリズムはプラスマイナスいずれにしても、ものすごく大きな役割を果たしているということを改めて自覚してもらいたいということです。それは無から有をつくりだすという大きさではないのですけれども、問題を萌芽のうちに見つけ出しきちんとした形で顕在化し、社会問題として提示する、すなわち日本の中でそれまでないとされていた格差や貧困の問題を顕在化するという点では、この二〇〇六年のマスコミは、非常に大きな役割を果たしたといえます。

私は、どうしてマスコミが二〇〇六年に注目するようになったのか？　という問いをたてて、その社会的な背景を検討しました。しかし、それはマスコミの報道の役割を否定するものではありません。マスコミが鈍感でまったく報道しなかったら、いくら社会破綻が現れたとしても、その問題をきちんと国民が認識するという点ではすごく遅れただろうと思います。その点ではまずジャーナリズムは、プラスの面で大きな役割を果たしているということを理解してほしい。

マイナスの面はどうか。それは、それまでは貧困はおろか、構造改革についてすら批判的な報道がほとんどなかったことです。私は二〇年ずっと新自由主義の問題を言っているのですけれども、構造改革という言葉も、格差・貧困という言葉も、その間、ほぼまったく言われませんでした。だから一部の社会学者の中では、貧困問題というと、それは一九六〇年代からあったことだ、マスコミや研究者が怠慢だっただけだ、という反応さえ生まれてしまう。そういう逆の側面でもジャーナリズムやマスコミのマイナスの役割というのはすごく大きいんです。

あと二つは、それをふまえて、ジャーナリストのあり方についての感想的提言です。一つは、ジャーナリズムは、既存のテーマについて縦割り的な問題の取り扱いを脱却して、問題を相互に連関させてとらえるということをぜひともやってほしいということです。たとえば新聞でいうと、政治面と経済面と社会面というのがあります。貧困の問題というのは通例社会面ですね。ところがきょうお話ししたことは、貧困問題は政治の問題でもあり、構造改革政治の問題を理解しなければ貧困問題は解けないし、是正する方策もとれないということです。逆に、参議院選挙という、優れて政治的な問題も、実は構造改革と、格差と貧困、地方の疲弊という問題を考えてはじめて解けるんですね。

政治ということでいうと、先ほど言った中川さんと与謝野さんの対立はもっぱら政局的な問題ととらえられている。しかし、それはきわめて狭い捉え方です。社会部では、ネットカフェ難民とかワーキングプア、貧困と格差の実態をいろいろ明らかにするけれど、なかなか政治や経済の問題が出てこない。せいぜいのところ新自由主義だという程度です。どういうふうにそれが絡んでいるのかという問題に入るには、政治、経済、社会という枠組みを取っ払っていただきたい。

これはわれわれ研究者にとっても言えることです。社会学、労働政策の研究者は、貧困問題をやるときに、なかなか構造改革問題はやりません。伝統的に、搾取、非正規雇用の問題はやりますけど、それがなぜこの間に急に生まれたかというと、隠蔽構造があったと言うのですね。簡単に言えば、研究者がバカだったから、国民がバカだったからわかんなかったんだ、という議論です（笑い）。でも私はそうじゃないと思います。昔からある貧困と今の貧困がどういうふうに違うのか、なぜマスコミがこれを取り扱うようになったのか、この問題を扱うには政治や経済の問題を考えなければいけない。

それから、現場と学者、フリーのジャーナリストや現場の人たちとわれわれ学者、この両方の連携も必要です。現場の生き生きとした状況がわかってはじめて私たちは分析の対象を得ることができるし、ジャーナリストが、ボーリングして提示してくれて初めて、あっこれが宝の山だ、ということがわかるわけです。私たち学者はどんなに努力しても、そういう宝の山を自分から掘り出すことはできない。逆にジャーナリストは、その山を掘り出してくるときに、それが宝の山なのかゴミの山なのかというのを見当をつけるには、政治、経済、社会に関するジャーナリストの力量が絶対に必要です。学者はそれによって初めてその宝の山を手に入れることができる、という点をぜひ考えていただきたいと思います。

三番目に、ジャーナリストは、ぜひ問題を深くしつこく追求してほしいということですね。マスコミは忙しいですから、どだい無理なところがある。さまざまな文献を読むということは、なにか特集を組んでドーンと取材班をつくってやる場合には可能だけれども、実際になかなかそういうことはできません。だからやっぱり人の話を聞いていろいろ判断をするということになって、耳学問というのが重要になると思いますが、なんとかその宿命を乗りこえて、深くしつこく勉強して、また本を読んでいただきたい。

私たちは、取材を受けるということはすごくうれしいのですけれども、聞いているとえらい素朴なレベルで聞いてくる場合があります。おまえそれをおれに聞くか、という感じなんです（笑い）。取材の対象になっている人がそれまでに言ってきたことをちゃんと勉強して来てくれない。〝おまえはここまで言ってるけどこの先はどうなんだ、その点を聞きたいんだよ〟と言われたときに、こっちは緊張するわけです。ぜひとも取材を受ける側を緊張させていただきたい。

そのためにはジャーナリストは勉強していただきたい。同じ貧困化、構造改革という問題を扱っても、たくさんの人がいるんですね。その一人ひとりの共通性と同時に差異性を理解してほしいということです。たとえば今度『中央公論』『論座』と『文藝春秋』がそれぞれ後期高齢者について特集をしました。『文藝春秋』の特集と『論座』の特集では、まったく違った人々にインタビューをしています。だれにインタビューするか、どういう論点を出すかということは、ジャーナリストの力量と問題関心によって決まります。

ジャーナリストは鋭い感覚をもたねばならない、といわれます。しかし、鋭さというのは、ただカンの良さということじゃない。勉強し、テーマについて縦割りの発想を超え、問題を深く掘り下げる。そこからジャーナリストの鋭さというものは形成されるものだと思います。ぜひともジャーナリスト、ジャーナリズムがいっそう社会の問題について敏感になることを期待して、私の話を終わりたいと思います。

［追記］本講演の校正中、二〇〇八年九月一日福田首相は辞任を表明し、自民党新総裁選出、新内閣の下での解散総選挙が必至である。今後の情勢は予断を許さないが、講演で述べた構造改革をめぐる対抗は変わらないと思われる。（九月一〇日）

『メディア総研ブックレット』刊行の辞

メディア総合研究所は次の三つの目的を掲げ、三〇余名の研究者、ジャーナリスト、制作者の参画を得て一九九四年三月に設立されました。

①マス・メディアをはじめとするコミュニケーション・メディアが人々の生活におよぼす社会的・文化的影響を研究し、その問題点と可能性を明らかにするとともに、メディアのあり方を考察し、提言する。

②メディアおよび文化の創造に携わる人々の労働を調査・研究し、それにふさわしい取材・創作・制作体制と職能的課題を考察し、提言する。

③シンポジウム等を開催し、研究内容の普及をはかるとともに、メディアおよび文化の研究と創造に携わる人々と視聴者・読者・市民との対話に努め、視聴者・メディア利用者組織の交流に協力する。

この目的からも明らかなように、私たちの研究所が他のメディア研究機関と異なる際だった特徴は、視聴者・読者・市民の立場からメディアのあり方を問いつづけるところにあります。私たちは、そうした立場からメディアと社会を見据えたさまざまなシンポジウムを各地で開くとともに、「マスメディアの産業構造」「ジャーナリズム」「マスコミ法制」といった研究プロジェクトを内部につくり、その研究・調査活動の成果を「提言」にまとめて発表してきました。

しかし、メディア界はいま、「デジタル化」というキーワードのもとに「革命」と呼ぶにふさわしい変革の波にさらされています。それだけに、この激しい変化を深く掘り下げ、その行方をわかりやすく紹介していくことが市民の側から強く求められてもいます。私たちが『メディア総研ブックレット』の刊行を思いたったのは、そうした時代の要請に何とか応えたいと考えたからです。

私たちは、冒頭に掲げた三つの目的を頑なに守り、視聴者・読者・市民の側に立ったブックレットをシリーズで発行していく所存です。どうか『放送レポート』(隔月刊誌)とともにすえながくご支援、ご愛読下さいますようお願いします。

メディア総合研究所

〒160-0007　東京都新宿区荒木町1-22-203

Tel：03(3226)0621

Fax：03(3226)0684

◆ホームページ

http://www.mediasoken.org

◆e-mail アドレス

mail@mediasoken.org

第３回メディア総研ジャーナリズム講座「日本の貧困」（2008 年７月５日・６日）

講師のプロフィール（敬称略・50 音順）

板垣　淑子（いたがき　よしこ）
1994 年ＮＨＫに入局。報道局首都圏放送センター・衛星放送部・仙台放送局などを経て、現在、スペシャル番組センター所属ディレクター。主な番組に『調査報告　日本道路公団～借金膨張の軌跡』『エイズ　感染爆発をどう防ぐのか』『ワーキングプア』『ライスショック』（いずれも「ＮＨＫスペシャル」）などがある。

市川　誠一（いちかわ　せいいち）
1985 年朝日新聞社に入社。浦和支局、新潟支局、東京本社社会部（司法クラブ）を経て、96 ～ 97 年に米国留学。99 年に名古屋社会部（現名古屋報道センター）、01 年に東京社会部に異動、司法クラブキャップ兼社会部次長。04 年さいたま総局長、06 年４月から新設された特別報道チームの次長を務める。

水島　宏明（みずしま　ひろあき）
1982 年札幌テレビ入社、NNN ロンドン特派員、ベルリン支局長を経て 03 年に日本テレビ入社。現在、『NNN ドキュメント』ディレクターをしながら『ズームイン！ SUPER』に新聞解説で出演。主な作品に『母さんが死んだ』『ニッポン貧困社会』『ネットカフェ難民』など。平成 19 年度芸術選奨放送部門文部科学大臣賞を受賞。

結城　登美雄（ゆうき　とみお）
1945 年山形県生まれ。広告デザイン業界を経て民俗研究家に。宮城教育大学非常勤講師も務める。東北の農山漁村をフィールドワークしながら、住民を主体にした地域づくりの手法「地元学」を提唱、東北各地で地域おこしの活動を行う。平成 16 年度芸術選奨芸術振興部門文部科学大臣賞を受賞。著書に『山に暮らす　海に生きる』など。

渡辺　治（わたなべ　おさむ）
1947 年東京都生まれ。東京大学法学部卒。東京大学社会科学研究所助手・助教授を経て、一橋大学大学院社会学研究科教授。専攻は政治学・日本政治史。主な著書に『構造改革政治の時代——小泉政権論』『安倍政権論——新自由主義から新保守主義へ』など。監訳にデビット・ハーヴェイ著『新自由主義　その歴史的展開と現在』など。

<メディア総研ブックレット No.12>
貧困報道――新自由主義の実像をあばく

2008年10月6日　初版第1刷発行
2008年12月18日　初版第2刷発行

著者 ―― メディア総合研究所
発行者 ―― 平田　勝
発行 ―― 花伝社
発売 ―― 共栄書房
〒101-0065 東京都千代田区西神田2-7-6 川合ビル
電話　03-3263-3813
FAX　03-3239-8272
E-mail　kadensha@muf.biglobe.ne.jp
URL　http://kadensha.net
振替　00140-6-59661
装幀 ―― 山田道弘
印刷・製本 ― 中央精版印刷株式会社

ISBN978-4-7634-0528-9 C0036

花伝社の本